# BIBLIOTHÈQUE

## DE

## L'ÉCOLE DES HAUTES ÉTUDES

---

# LA CHRONOLOGIE

### DANS LA FORMATION

### DES

# LANGUES INDO-GERMANIQUES

PAR

## GEORGE CURTIUS

TRADUIT PAR

## M. BERGAIGNE

RÉPÉTITEUR A L'ÉCOLE DES HAUTES ÉTUDES.

## PARIS

## LIBRAIRIE A. FRANCK

F. VIEWEG, PROPRIÉTAIRE

RUE RICHELIEU, 67

**1869**

# AVANT-PROPOS.

Le beau travail qu'on va lire nous retrace également la formation successive du langage humain. Mais il se distingue de l'essai précédent, en ce qu'il se renferme dans l'étude d'une seule famille d'idiomes. Les principes que M. Max Müller recommande d'une façon générale sont ici appliqués avec beaucoup de finesse et de sagacité à l'histoire primitive des idiomes indo-européens [1]. M. Curtius se propose de retrouver et de définir les différentes périodes qu'a traversées le langage de la race aryenne, avant de parvenir à l'état grammatical qui nous est représenté par le sanscrit, par le grec, le latin, etc. Il énumère et classe les faits qui, en se succédant et en confondant leurs conséquences, ont produit le système grammatical appartenant en commun à ces langues. Quoique les inductions de M. Curtius ne soient pas toutes d'une égale vraisemblance, et bien que sa chronologie puisse être en partie contestée, ce travail est d'une haute valeur : c'est un premier effort pour disposer par plans successifs et pour enchaîner entre eux des faits qui n'avaient guère été envisagés jusqu'à présent qu'un à un et sans ordre. On ne pourra s'occuper à l'avenir de l'histoire de nos idiomes sans avoir lu et médité cet écrit.

M. Georges Curtius, né à Lubeck en 1820, est professeur de littérature grecque à l'Université de Leipzig. Élève tout à la fois de Bopp et de Böckh, il a fait profiter les études grecques des

---

1. Les deux travaux ont paru presque en même temps : pourtant celui de M. Curtius est antérieur.

enseignements nouveaux de la méthode comparative, et il a
introduit dans la linguistique les habitudes de réserve et de tact
qu'une longue discipline a données à la philologie classique.
Son principal ouvrage, intitulé *Principes de l'étymologie
grecque* (2ᵉ édition 1866), est bien connu de tous les hellénistes.
M. Curtius est aussi l'auteur d'une grammaire grecque pour les
classes, qui est arrivée aujourd'hui à sa huitième édition et qui a
été traduite dans presque toutes les langues de l'Europe.

Cet essai a paru d'abord dans les Mémoires de l'Académie
royale de Saxe (1867). La traduction française, qui exigeait une
connaissance approfondie du sujet, et qui présentait de sérieuses
difficultés à cause de l'incertitude de notre terminologie grammaticale, est due à M. Bergaigne, répétiteur à l'École pratique
des hautes études.

M. Bréal.

# LA CHRONOLOGIE

DANS

## LA FORMATION DES LANGUES INDO-GERMANIQUES

Par George Curtius.

C'est une question qui a été souvent agitée dans ces dernières années, si la linguistique rentre dans les sciences naturelles ou dans quelque autre ordre de nos connaissances. Plusieurs savants dont le nom fait autorité, particulièrement Schleicher et Max Müller, se sont prononcés pour la première de ces vues; Steinthal, au contraire, pour la seconde. Quand il s'agit de divisions et de classifications si générales, la réponse est d'ordinaire peu satisfaisante. Qui peut nier que la méthode dont se sert aujourd'hui la linguistique ne ressemble à celle des sciences naturelles? Les naturalistes se sentent chez eux quand nous leur donnons l'occasion de jeter un coup d'œil dans le laboratoire de la science du langage. Mais, d'un autre côté, il y a dans la vie du langage des parties qui échappent à cette méthode. Tel est le domaine entier de la syntaxe, et aussi l'origine, la fixation et la ramification des acceptions des mots. Ici, quelque effort qu'on fasse pour atteindre l'exactitude et la précision, on ne pourra se passer d'une méthode synthétique procédant par tâtonnements et rappelant plutôt celle de l'historien. Et cependant ce sont dans le langage des parties aussi essentielles que les autres. Ce n'est pas se tirer d'affaire que de les mettre à part sous ce titre « Fonction, » ou même de les renvoyer à une autre science. Bréal s'est récemment prononcé dans le même sens dans son intéressant opuscule *sur la forme et la fonction des mots.*

Sous quelque aspect que l'on considère le langage, même dans l'analyse des formes, même dans l'établissement des lois phoniques, on ne peut jamais se dispenser de recourir à l'idée de l'analogie qui est quelque chose de purement moral et d'étranger, ce me semble, à la vie naturelle. L'accusatif pluriel πόλεις s'expliquerait difficilement par les formes primitives πόλι-νς ou πόλι-ανς, et ne se comprend guère que comme un effet de la paresse qui, dans l'usage, a fait confondre la formation de l'accusatif pluriel avec celle du nominatif. Le penchant à la différentiation, qui n'est pas moins manifeste, est également de l'ordre moral. C'est grâce à lui que la racine commune αρ a donné en grec trois racines ἀρ, ἐρ, ὀρ, différentes par le son et la signification. Ainsi, à travers le fait en apparence purement matériel, on entrevoit partout le fait moral, et il faut tenir compte de tous les deux à la fois pour arriver à la complète intelligence du sujet. Et même dans les limites où l'analogie de la science du langage avec les sciences naturelles est réellement justifiée, elle paraît s'appliquer surtout à celles de ces sciences qui, comme la Géologie et la Paléontologie, s'occupent d'objets changeants et très différents dans le cours des temps. Si Max Müller écarte l'emploi du mot *Histoire* pour le langage, c'est sans doute qu'il subit les exigences d'une acception étroite, particulière à la langue anglaise, du mot *history*. Nous sommes, et certainement avec raison, habitués à attribuer une histoire au langage. Car là où il y a un Devenir, il y a une histoire. De même que d'autres objets plus ou moins soustraits à l'influence de la volonté humaine, tels que le droit, la religion, les mœurs et même les costumes, ont une histoire, de même le langage aussi en a une. La conception génétique de la vie du langage est précisément ce qui distingue la linguistique nouvelle de l'ancienne qui se bornait, soit à une simple statistique, soit à l'essai d'une classification systématique des phénomènes du langage. Soit que la science du langage s'exerce dans le cercle plus étroit d'une seule langue qu'elle doit explorer en se fondant sur l'étude des monuments, soit qu'elle se meuve dans des cercles plus vastes, de toute manière, son trait essentiel est celui d'une science historique.

De cette direction historique suit une autre conséquence. Dans toute considération historique, il s'agit de faits successifs, d'antériorité et de postériorité dans le détail comme dans l'ensemble. L'histoire n'est rien sans chronologie, sans détermination de périodes fondée sur des dates chronologiques. S'il y a donc une

histoire du langage, il faut aussi chercher à établir une chronologie de cette histoire : nous avons à nous proposer une science
jusqu'à un certain point nouvelle, ou, pour parler plus modeste-
ment, à poser un nouveau problème scientifique que nous pouvons appeler Chronologie ou Considération chronologique du
langage. A la vérité, les traditions précises, les ères, les indica-
tions de toute sorte qui forment le fondement d'une chronologie
de l'histoire proprement dite ne sont à la disposition de la science
du langage que pour des périodes relativement courtes et tardives. Pour l'histoire de l'ancienne langue latine, par exemple,
elles ont été exploitées avec une merveilleuse sagacité. Mais au
delà de la période pour laquelle nous avons le témoignage des
œuvres littéraires ou des monuments, c'est-à-dire pour la partie
de beaucoup la plus étendue de l'histoire du langage, toute
indication extérieure de cette sorte fait complétement défaut.
Nous sommes entièrement réduits aux critères intérieurs. Mais
précisément parce que nous manquons d'indices palpables, pareils
à ceux qui, pour l'histoire d'autres objets, sont presque toujours
à notre disposition, il est d'autant plus nécessaire d'entreprendre
de déterminer la suite des événements historiques. Sans chronologie, l'histoire du langage resterait un assemblage de faits
isolés, et ces faits eux-mêmes n'ont aucune certitude tant qu'on
ne leur a point trouvé un point d'appui dans d'autres faits, et
assigné rigoureusement leur place dans le développement
général.

Si nous examinons pour les langues indo-germaniques, les
seules dont nous ayons à nous occuper ici, la possibilité d'une
histoire chronologiquement ordonnée, c'est en ce qui concerne
les sons qu'elle se comprend le plus aisément. C'est un fait universellement reconnu que les sons du langage s'altèrent avec
le temps, c'est-à-dire qu'ils perdent de leur force d'articulation
et de leur plénitude. Toutes les fois donc que nous trouvons le
son plus plein dans une langue et le son plus faible dans l'autre,
la première des deux formes est, on peut l'affirmer d'une manière
absolue, la plus ancienne, et la seconde la plus moderne. Nous
avons ici une succession chronologique et nous pouvons remonter
par exemple du grec ἵππος et du sanscrit *açva-s* à *akra-s,*
comme à la forme fondamentale commune, chronologiquement
antérieure à toutes les deux. Dans beaucoup de cas nous pouvons même démontrer avec assez de certitude les étapes que le
mot a parcourues. La grammaire comparée, à ses débuts, était
surtout occupée, comme il devait arriver nécessairement, de

noter ce qu'elle trouvait de commun entre les langues sœurs ;
mais précisément dans ces derniers temps, le besoin d'établir
des séries a de plus en plus pris place sur le premier plan.

Jacob Grimm avait déjà ouvert cette voie. La découverte de
la loi de substitution des consonnes a un côté essentiellement
chronologique. En effet il a, comme on sait, découvert que deux
fois, à des époques très-différentes de l'histoire du langage,
avaient eu lieu les mêmes substitutions ou du moins des substitutions analogues, et il a admirablement montré l'importance
de pareilles observations pour l'histoire des langues et des
peuples. Cependant, il prit pour le phénomène entier un point
de départ choisi arbitrairement, et ce n'est que plus tard qu'on
en est arrivé à rectifier celui-ci et à rechercher de plus près les
degrés intermédiaires existant entre les périodes principales [1].
On a réussi par là, comme je crois, à ranger ces phénomènes
dans un ordre chronologique plus exact. Ce n'est pas le seul
point où le progrès de la phonétique a consisté dans une attention
plus délicate prêtée à la marche graduelle des phénomènes du
langage. Bopp et Pott avaient reconnu déjà qu'à un *j* sanscrit
répond souvent un ζ grec. Mais comment et par quels degrés
intermédiaires *j* est devenu ζ, c'est ce que Schleicher a montré
le premier par le rapprochement le plus complet de faits analogues dans les langues les plus différentes. L'ancienne grammaire se contentait d'admettre des échanges ou des permuta-
tions de sons, par exemple entre le σ et l'esprit rude du grec :
σύς et ὗς, latin *semi* et grec ἡμι. Elle ne se demandait même pas
lequel de ces sons était le plus ancien, ou bien elle ne donnait à
cette question qu'une réponse insuffisante et n'aboutissait au
fond qu'à la formule : *a* permute avec *b*. La grammaire comparative a conduit immédiatement à des propositions plus rigou-
reuses, par exemple : *s* peut bien devenir *h*, mais l'inverse n'est
pas possible, ou, pour nous servir d'une formule : *a* se change
en *b*, mais non *b* en *a* ; dans les positions où il permute avec *b*,
*a* est antérieur à *b*. Mais nous ne pouvons encore nous contenter
de cela. Ainsi nous devrons essayer de déterminer le rapport
chronologique où se trouvent entre eux les différents changements phoniques ; nous devrons chercher à obtenir des formules
telles que: *a* s'est changé en *b* plus tôt qu'en *c*, ou *a* s'est changé

1. M. George Curtius a présenté sur la substitution des consonnes une
explication différente de celle de Grimm, dans la *Zeitschrift* de Kuhn,
II, 321. — N. du **Tr.**

en *b* plus tôt que *c* en *d*. Les Grecs ont laissé se transformer en une simple aspiration l'*s* initiale devant les voyelles, le *j* et le *v*. Ces volatilisations de sons ont-elles eu lieu d'un seul coup, ou l'une après l'autre, et en ce cas dans quel ordre se sont-elles produites? C'est encore la loi de substitution des consonnes qui nous a conduits à poser et à résoudre ces questions. Car ce phénomène montre par ses vastes ramifications que les mouvements des divers sons ont une vraie connexité entre eux. Ici encore la pleine lumière ne sortira que de l'ensemble.

On peut encore moins écarter les considérations chronologiques en ce qui concerne la création des *formes* du langage. Ici nous trouvons même dans la grammaire vulgaire que nous a léguée l'antiquité, des points auxquels nous pouvons nous rattacher. Les anciens grammairiens distinguaient déjà un aoriste premier et un aoriste second dans les trois voix du verbe. A la vérité ils étaient bien loin de désigner par ces chiffres une succession chronologique : toute considération historique du langage fait entièrement défaut à l'antiquité. Mais de deux formes de temps ils ont fait un couple, et comme on posa, bien qu'avec des erreurs graves, des différences analogues pour la formation du parfait et du futur, ils ont ainsi donné la première idée d'un arrangement du verbe dans des tableaux clairs, ce que n'ont pu jamais réaliser, par exemple, les grammairiens latins, dans le domaine de leur propre langue. Il ne restait qu'un pas à faire, et pourtant il ne fut fait que deux mille ans plus tard par Buttmann [1], quand il présenta pour chaque couple de formes, l'une comme la plus ancienne et l'autre comme la plus nouvelle. Nous ne pouvons, il est vrai, lire maintenant sans un sourire ce que dit Buttmann [2] : « L'aoriste, dans le sens qu'il a en grec à l'indicatif, et particulièrement la *troisième personne* de ce temps, est en quelque sorte le *son naturel* des verbes. » Il nous semble entendre dans cette expression un écho de Herder et de Rousseau. Et la raison de cette préférence accordée à la troisième personne, il la prenait évidemment dans la structure du verbe hébraïque. Mais les lignes suivantes renferment l'observation tout à fait juste et d'une haute portée « que l'aoriste second du grec est la forme la plus ancienne de l'aoriste. » Ainsi était

---

1. Les grammairiens hollandais n'étaient pas loin, il est vrai, de cette découverte, mais pourtant ils n'y arrivèrent pas, comme on peut le voir par les *Prælectiones academicæ de analogia linguæ græcæ* de Lennep (éd. Everardus Scheidius, p. 75 de la 2ᵉ édition. Traj. 1805).

2. *Ausfürliche Grammatik*, 1, 368.

ouverte la voie pour l'établissement d'un ordre chronologique
en ce qui concerne ces couples de temps; ainsi était préparé le
progrès réalisé par Jacob Grimm, lorsque dans le vaste domaine
de la langue allemande il reconnut la même différence pour la
formation du prétérit, et se fonda sur cette différence pour partager les verbes en verbes forts à prétérit ancien, c'est-à-dire
simple, et en verbes faibles à prétérit nouveau, c'est-à-dire
composé [1]. Cela concordait parfaitement avec ce que Bopp
avait déjà trouvé dans son Système de conjugaison [2]. De même
on constata alors que les aoristes déjà reconnus précédemment
pour les plus anciens, étaient les aoristes simples, et que ceux
qui étaient reconnus pour les plus nouveaux étaient des formations plus composées, tandis que pour le parfait et le futur on
dut abandonner presque entièrement les premiers classements.
C'est ainsi encore qu'on est arrivé à comprendre approximative-
ment la structure du verbe latin, avec son parfait formé d'une
manière en apparence si arbitraire et si capricieuse, et la
comparaison a même éclairé d'un jour plus net la formation, au
premier coup d'œil extrêmement bigarrée des temps du verbe
sanscrit. Dans la seule conception de cette différence chronologique, il y avait déjà un fait d'une très-haute importance. Elle
impliquait que le riche trésor des formes s'était produit par
couches. Le langage offre à un moment quelconque de sa durée
un aspect semblable à celui des gisements de roches plus ou
moins anciens, placés au-dessus ou à côté les uns des autres sur
la surface terrestre. Il faut donc repousser la méthode qui vou-
drait expliquer *a priori* les formes subsistant les unes à côté
des autres par une seule idée prise pour base : il faut commencer
par distinguer les différentes couches de formes placées au-dessus
ou à côté les unes des autres [3]. C'est le seul moyen de remonter
vers l'état primitif et, partant de là, de reconnaître et de comprendre comme quelque chose d'intelligent et de raisonnable,
les premières tentatives pour créer les formes du langage, puis
la croissance ultérieure de formations nouvelles, et enfin la
réunion de toutes les formations ainsi nées l'une après l'autre
en un système complet.

A la vérité, l'observation de cette stratification des formes

1. *Deutsche Grammatik*, I, p. 1011.

2. P. 151.

3. « Distinguer les différentes couches, » dit Bréal (Mythe d'Œdipe,
p. 14), à propos de la Mythologie comparée, science de la même famille.

nous conduit maintenant beaucoup plus loin qu'on ne pouvait le
prévoir au premier coup d'œil. Quand Buttmann prononça ce
mot hardi pour son époque, que l'aoriste second était la forme la
plus ancienne et l'aoriste premier la plus nouvelle de ce temps,
il ne croyait pas avoir fait autre chose qu'une remarque sur
l'histoire de la langue grecque. Mais comme depuis ce temps on
a reconnu absolument les mêmes différences dans toutes les autres
langues indo-germaniques, il est hors de doute que ces différences
sont primitives, qu'elles sont plus anciennes que la séparation
des langues. Un mode de formation qu'on appelle relativement
nouveau, comme celui de l'aoriste premier, existait déjà en fait
avant l'époque où les ancêtres des Grecs, des Romains, des
Allemands et des Hindous, émigrèrent, comme peuples distincts,
de la patrie commune. Néanmoins, en tant qu'on parle ici, et à
bon droit, de formes plus anciennes et plus nouvelles, cette séparation implique une affirmation chronologique pour ce temps
très reculé, et dans ce cas du moins, les faits cités suffisent déjà
pour prouver au sceptique le plus décidé la possibilité d'une
mesure chronologique.

Mais la science du langage se propose encore des fins plus
élevées que celles dont nous avons parlé jusqu'ici. Elle ne peut
pas se contenter de démontrer les concordances existant entre
les langues d'une origine commune ni de distinguer à l'intérieur
de ces langues des formations plus anciennes et plus nouvelles.
Elle cherche à décomposer en leurs éléments primitifs les formes
existantes, et à retrouver les fins que poursuit, sans en avoir
conscience, l'esprit créateur du langage. Or, l'analyse des formes
a donné ce résultat que le système des formes verbales et
casuelles, avec ses vastes ramifications, a été réalisé par le
langage avec des moyens d'une étonnante simplicité. Un petit
nombre de thèmes pronominaux monosyllabiques placés, rare-
ment devant la racine, d'ordinaire après elle, tantôt seuls,
tantôt au nombre de deux ou trois, sont les moyens principaux
employés par le langage, et partout se représentent les mêmes
éléments. Une *s*, qui provient du thème pronominal *sa*, désigne
le nominatif singulier; le même élément, primitivement peut-être
répété deux fois, désigne le nominatif pluriel, et c'est encore cette
*s* que nous rencontrons au génitif singulier. Si on compare le
nominatif ὀδό-ς et le génitif ποδός, on trouve dans les deux formes
exactement les mêmes éléments. On peut poser la proportion :
ὀδός : ὀδ = ποδός : ποδ. Il serait absolument impossible de comprendre comment, malgré cela, la première forme a reçu la fonc-

tion de nominatif et la seconde celle de génitif, si nous n'admettions pas que ces formes ont été des produits de temps tout à fait différents, que le langage *a, en des temps différents, employé les mêmes moyens d'une manière entièrement différente.*

Outre ces syllabes formatives, simples et assez peu nombreuses, que nous avons l'habitude de nommer désinences ou suffixes, nous remarquons encore un petit nombre de modifications intérieures des racines et des thèmes. Une des plus claires est le redoublement. Mais ce redoublement a aussi des fonctions très diverses. Il caractérise, dans δι-δά-σκ-ω le thème du présent, dans δέ-δα-κα celui du parfait, dans δέ-δα-σ-ν celui de l'aoriste. Peut-on penser que le même moyen ait servi dès le principe à des fins si diverses? Certainement non. Évidemment l'intention du langage, dans l'emploi du redoublement, n'a été à l'origine que de faire ressortir la syllabe redoublée. Les distinctions ne se fixèrent que plus tard, quand ces formes si variées se furent posées par couches. Car si les différentes parties du système phonique exercent une influence l'une sur l'autre, les diverses formes du langage agissent l'une sur l'autre à un plus haut degré encore, se limitent et se déterminent mutuellement par leur usage.

Dans la syntaxe même il est indispensable de distinguer soigneusement ce qui est antérieur de ce qui est postérieur. Personne ne perd plus son temps aujourd'hui, comme c'était la pratique universelle il y a cinquante ans, à faire dériver l'usage d'un cas ou d'un mode d'une idée fondamentale qu'on supposait toute formée dès le début et qu'on cherchait à découvrir philosophiquement par l'emploi de catégories. Il n'échappe plus à personne que de telles idées fondamentales sont de pures formules uniquement dues à l'abstraction et supposant une langue déjà raffinée et capable de marquer avec précision les nuances les plus délicates. Celui qui aujourd'hui étudie la nature de la proposition infinitive en grec, ne négligera pas d'observer le développement graduel de cette construction qui dans Homère est encore d'un usage restreint, et qui s'explique facilement par la prolepse, conformément aux habitudes de la syntaxe grecque. Il reconnaîtra clairement dans les phénomènes analogues d'autres langues, de l'allemand par exemple, les commencements plus simples de constructions de cette espèce, d'où n'est sorti que par un perfectionnement insensible un usage plus hardi et plus délicat. Car ici aussi la tradition originale de chaque langue en particulier a besoin d'être complétée par le témoignage d'autres langues de la même famille. La distinction du subjonctif et de l'optatif n'en est pas encore arrivée dans Homère à cette netteté que nous observons chez les Attiques. Mais si nous allons plus loin et que nous sortions de la langue grecque, toute différence appréciable de signification entre l'optatif et le subjonctif cesse. Quoique nous ne soyons nullement de l'avis que les formes du langage aient jamais servi à une autre fin qu'à l'expression de différences de sens positivement perçues, cependant le temps où le langage a reçu une empreinte logique plus précise, le temps de la différentiation et de l'exacte délimitation de l'usage, est sans contredit infiniment postérieur à celui de la création des formes. Outre les aptitudes plus ou moins grandes des différents peuples pour le langage, les circonstances extérieures les plus variées, par exemple la perte de certaines formes, effet de la décadence phonique, et le besoin de compenser ces pertes, ont exercé ici leur influence. Ce simple fait que les deux langues classiques ont de très bonne heure perdu l'instrumental est de la plus haute importance pour l'intelligence de l'usage des cas. La perte de l'augment dans les langues italiques explique plusieurs des différences les plus essentielles que présente l'usage des temps en latin, relativement au grec. Néanmoins l'usage qu'on a fait des formes est encore plus difficile à expliquer que leur origine. Cela vient de ce que nous sommes encore bien plus dépourvus de témoignages antéhistoriques sur le premier de ces points que sur le second. Par témoignages antéhistoriques j'entends ceux qui sont antérieurs aux documents littéraires.

Je n'ai cherché ici qu'à indiquer comment les faces les plus diverses du langage peuvent être traitées chronologiquement. Mais nous ne pouvons nous contenter de nous servir de cette méthode dans le détail; il faut, par une tentative plus haute et plus hardie, essayer d'ordonner chronologiquement l'histoire des langues indo-germaniques dans leur ensemble, c'est-à-dire de la partager en périodes. On peut établir cette division de deux manières : d'abord au point de vue ethnographique. C'est ce genre de division qu'on a le plus souvent tenté. En se plaçant à ce point de vue, on obtient deux périodes principales : la première celle de l'*unité*, la seconde celle de la *pluralité*, qui sort par un développement graduel de cette unité. Pour la première de ces grandes périodes, Sonne a, le premier que je sache, proposé le nom de « proethnique [1]. » L'expression est assez heureuse

1. Kuhn. *Zeitschrift*. XII, 290.

puisqu'en réalité, pour ce temps antérieur à la séparation des langues et des peuples, il n'y avait pas encore les ἔθνη qui plus tard eurent une existence propre. Mais pourtant la masse compacte des Indo-Germains composait déjà alors, par opposition aux autres grandes races, un peuple, un ἔθνος, d'une individualité bien caractérisée. Le mot proethnique paraît donc n'être pas tout à fait juste. Le langage de cette époque la plus primitive est appelé par Schleicher, et j'adopte son expression, la langue indo-germanique ou, plus exactement, la langue primitive indo-germanique. La dénomination de « période de la pluralité » et « période de l'unité » restera toujours dans un tableau par périodes la plus simple et la plus claire. De ce point de vue ethnographique, la période de l'unité n'est pas susceptible de division, mais pour celle de la pluralité, la division est non-seulement possible, mais tout à fait indispensable. C'est un fait, je crois, universellement reconnu, que la séparation des peuples s'est accomplie peu à peu, et on est aussi d'accord sur la plupart des groupes. Ce n'est pas ici mon dessein d'entrer dans le détail de cette question qu'on ne pourra, je pense, faire avancer et dépouiller de son caractère actuel d'assertions provisoires et hypothétiques, qu'après une série de recherches spéciales. Dans mon mémoire sur « la division du son A [1], » j'ai cherché à contribuer pour ma part à la solution de cette question. Le fait qui est ressorti pour moi de cette recherche et que je ne donne moi-même que comme provisoire et ayant besoin de recevoir une confirmation d'autre part, c'est que les langues indo-germaniques se sont partagées d'abord en deux grandes moitiés, la moitié asiatique et la moitié européenne. Sans revenir là-dessus je veux seulement faire observer ici que cette manière de voir s'accorde très bien avec les résultats de la belle étude de Müllenhoff sur les Scythes du Pont [2]. Il y montre avec la dernière évidence que ces Scythes, bien qu'habitant l'Europe, appartiennent pourtant à la famille Persique ou Iranienne. Or, la langue scythe, dans les débris qui nous en restent, participe du vocalisme de la famille asiatique, au moins en ce qu'elle n'a point divisé le son *a* en *e* (plus tard *i*) et en *o* (plus tard *u*) de la même manière que les langues européennes. L'*a* s'est conservé plus longtemps. Il suffit de comparer ἐ-νάρ-εες (=ἀν-ανδρ-οι) [3] avec

---

1. *Berichte der Kœnigl. Sæchsischen Gesellschaft.* 1864, p. 9 et suivantes.
2. *Monatsberichte der Berlinischen Akademie.* Août 1866.
3. Voyez le mémoire précité, p. 551.

le grec ἄ-νηρ et le sabin *ner-o*. Le préfixe négatif ἀ qui se trouve dans ce mot correspond au gréco-italiote ἀν, *an*, au vieux haut allemand *un*. Le mot ἄεβα [1], « sept » (= le sanscrit *saptan*), correspond au grec ἑπτά, lat. *septem*, goth. *sibun*, lit. *septyni*, paléo-slave *sedmĭ*. – ασπος, « cheval, » qui se trouve à la fin de tant de mots, correspond à ἵππος, *equos*, vieux saxon *chu;* (le mot lithuanien est, il est vrai, *assïwà*).

Le second principe de division est pour ainsi dire purement linguistique. On pourrait aussi l'appeler génétique. Guillaume de Humboldt distingue pour l'histoire de toutes les langues deux périodes principales. La première, dans laquelle le langage acquiert sa structure, est celle qu'il nomme [2] *Période d'organisation*. La seconde, dans laquelle, après que cette structure a été achevée, après qu'il y a eu pour elle un point de congélation ou une « cristallisation [3], » on reconnaît un perfectionnement plus délicat de la signification en même temps qu'une décroissance de l'état phonique, est celle qu'il nomme *Période de culture*. On ne peut se dispenser d'admettre ce dualisme des périodes principales. Il domine toutes les recherches linguistiques. Dans toute question particulière, soit d'étymologie, soit de grammaire, nous avons proprement une double tâche. Premièrement nous devons remonter de la forme donnée à la forme indo-germanique; nous sommes donc là dans la seconde période. En outre, nous avons à expliquer l'origine de la forme fondamentale ainsi obtenue, ce qui appartient entièrement à la première période. On pourra exclure la seconde opération dans certaines recherches de phonétique, tant qu'il s'agira uniquement de démontrer les changements successifs d'une forme fondamentale parfaitement certaine. Mais le premier pas qu'on fait au-delà conduit sur l'autre domaine, et oblige à des recherches sur l'origine et la valeur primitive de ce qui a été créé dans cette première période. La dénomination des deux périodes, due à Humboldt qui pourtant n'y est pas lui-même toujours resté fidèle, a l'avantage d'être facile à comprendre et d'être généralement juste. Si nous nommons Organisme un ensemble comprenant des divisions nombreuses et pourtant rattachées les unes aux autres par une forte unité, un ensemble remplissant un but,

1. Renfermé dans Ἀρξ-άεβα — ἑπτάθεος. Ibid., p. 563.
2. Par exemple dans le Traité sur l'étude comparative des langues, *Gesammelte Werke*, III, p. 246.
3. *Ueber die Verschiedenheit des menschlichen Sprachbaues.* — P. 191.

et si un pareil ensemble atteint sa forme essentielle dans la première de ces deux périodes, on ne trouvera pas, je crois, grande objection à faire contre l'expression Période d'organisation. Les types de toutes les formes essentielles du langage doivent avoir été créés dans ce temps, car ils sont les mêmes dans toutes les langues de la famille. La période postérieure a donné encore, en vue d'applications particulières, de nouvelles empreintes de ces types avec de légères modifications, mais elle n'a créé aucune forme fondamentale nouvelle. On pourrait aussi, en employant une autre image, nommer cette période celle de la croissance. A la fin de cette période, le corps du langage a atteint sa mesure définitive, ses limites à l'intérieur desquelles se restreignent désormais toutes ses modifications; il est adulte. Pour la seconde période, la décroissance graduelle de l'état phonique extérieur est un signe essentiel. Néanmoins ce serait une grave erreur que de la nommer, par opposition à celle de la croissance, période de décadence. Car, de même que dans la vie la vieillesse ne suit pas immédiatement l'achèvement de la croissance, de même un délabrement réel de l'organisme n'est pas, ici non plus, immédiat. Les commencements de l'altération phonique ont une connexité avec l'activité la plus grande dans l'emploi de ce qui a été précédemment créé. Les avantages propres par lesquels le grec, par exemple, se distingue du sanscrit, appartiennent à cette période. Il en est de même de la constitution définitive de l'infinitif que chacune des langues sœurs a, par des moyens différents, obtenu et su distinguer d'autres formations nominales. C'est alors aussi que la structure de la phrase a été réglée pour tout ce qui sort des formes les plus simples. Ce serait être bien exclusif que de ne faire aucun cas de tout cela et de considérer la première période comme une sorte de Paradis perdu. On ne peut, je crois, méconnaître que les formes fondamentales qui sont essentielles pour la structure des langues indo-germaniques n'offrent déjà des affaiblissements phoniques, et que ces affaiblissements, bien loin d'entraver la détermination des formes particulières, n'y aient plutôt aidé. On ne peut prétendre que *da-dā-mi* soit en quelque chose moins organique que *da-dā-ma* qui lui a donné naissance, et cependant il est affaibli quant au son. Les langues remplissent certainement dans la seconde période mieux que cette langue fondamentale de la première, l'objet de toute langue qui est de servir à l'expression de la pensée. Si on voulait chercher d'autres images, on pourrait songer à l'expression de Polissage qui réunit les deux éléments essentiels : diminution matérielle, augmentation de la finesse. Mais peut-être cette expression pourrait-elle prêter à un malentendu et faire croire que le changement est dû à l'action d'une force extérieure sur le langage. Puis donc que l'on distingue d'ordinaire les termes de culture et de formation et que le premier s'applique de préférence au perfectionnement d'une formation déjà accomplie, le nom de Culture est assez propre à désigner ce qu'il y a d'essentiel dans cette période.

Il faut se demander maintenant quel est le rapport de cette seconde division avec la première, la division ethnographique. Et ce que nous voyons ici clairement, c'est que la période de l'organisation concorde essentiellement avec celle de l'unité, et celle de la culture avec celle de la pluralité. Mais les deux périodes ne se superposent pas absolument l'une à l'autre. Il semble hors de doute que l'organisation était achevée avec la première. Mais que la période de culture ne commence qu'avec celle de pluralité, c'est un point qu'on ne peut regarder comme aussi bien arrêté. Considérons avec quelle ténacité toutes les formes essentielles subsistent dans les diverses branches de notre famille de langues, ou tout au moins y ont laissé des traces qu'on ne peut méconnaître. Considérons aussi avec quelle sûreté chaque forme reste fidèle à sa sphère, et voyons combien les concordances sont grandes, non-seulement dans les racines, mais aussi dans les mots formés de ces racines et portant souvent dans leurs terminaisons, comme dans leur emploi, l'empreinte la plus achevée et la plus délicate. Nous serons forcés de conclure que le peuple primitif indo-germanique a eu un temps assez long à sa disposition pour travailler ses formes et ses mots, avant que la division eût livré le langage à diverses causes de délabrement. Parmi les éléments qui sont communs à toutes les langues, il en est beaucoup qui offrent un caractère conventionnel, comme par exemple les noms de nombre, dont nous pouvons retrouver les formes fondamentales, mais sans réussir à en reconnaître le sens primitif. Peut-être le mot *kutvar*, forme fondamentale du nombre quatre, était-il déjà pour les Indo-Germains avant leur séparation en diverses familles, aussi énigmatique que pour nous. Nulle part on ne voit ici ressortir de relations claires avec des racines et des suffixes d'un usage courant. Or il y a eu nécessairement un temps où ces éléments se rattachaient à d'autres qui faisaient également partie du trésor de la langue : l'existence d'un tel mot, ainsi dévié pour ainsi dire, nous permet donc de conclure à bien des troubles apportés dans le langage, à des pertes éprouvées par lui. Mais des troubles de ce genre sont déjà un critère de la seconde période. Nous remarquons la même chose pour les désinences personnelles et casuelles. Souvent ici l'état phonique primitif peut à peine être deviné. Pour la première personne du pluriel, par exemple, nous ne pouvons trouver autre chose qu'une forme telle que *da-dā-ma-si*, comme forme fondamentale indo-germanique; et pourtant cette forme elle-même est vraisemblablement déjà affaiblie de *da-dā-ma-tva*. Cette dernière, ou peut-être *da-dā-ma-tvi*, serait celle de la période d'organisation. Il aura fallu aussi un certain temps pour faire sortir d'une forme fondamentale organique comme *varka-sa*, la forme fondamentale indo-germanique *varka-s*. Peut-être y a-t-il eu même ici des degrés intermédiaires, tels que *varka-si*. Des affaiblissements et des pertes phoniques de ce genre qu'il faut bien distinguer des affaiblissements beaucoup plus considérables et plus variés des temps postérieurs, ne faisaient qu'aider aux fins du langage, loin d'y être un obstacle. Ils proviennent, moins de la paresse des organes de la parole cherchant leurs aises, que d'un effort pour ne pas laisser les formes nouvellement nées devenir trop polysyllabiques et trop pesantes; ils servent ainsi le principe de l'unité du mot. Ce qui confirme encore l'opinion que le peuple primitif indo-germanique a gardé assez longtemps son unité, ce sont les traits nombreux de croyance, de poésie mythique, de mœurs communes, dont traite par exemple Pictet dans son substantiel ouvrage, les *Origines indo-européennes*. Même on ne peut guère mettre en doute après la démonstration frappante de Westphal l'existence d'un mètre fondamental indo-germanique. Bref, nous pouvons affirmer, sans crainte de nous tromper, que la période de culture a commencé déjà pendant celle de l'unité, qu'ainsi les deux divisions essentielles se croisent, au moins sous ce rapport.

Nous laissons ici entièrement de côté la division ethnographique, et nous aurons exclusivement en vue la division purement linguistique. Pour traiter avec détail de ces deux grandes périodes principales, il faut naturellement employer deux méthodes entièrement différentes. La seconde, la période de culture, concordant, au moins pour la partie de beaucoup la plus grande, avec celle de la séparation des langues, comprend des matériaux extrêmement abondants. L'étude doit ici nécessairement se diviser, car un seul esprit ne peut embrasser la masse énorme des faits. Il s'agit de remplir la lacune qui existe entre l'époque primitive et celle de l'existence de la langue particulière ou de la famille particulière de langues révélée par des témoignages historiques. Nous, qui avons toujours principalement en vue la langue grecque, la tâche que nous nous donnerions pour cette période serait donc de rechercher par quels degrés différents les sons et les formes indo-germaniques sont passés pour devenir peu à peu des sons et des formes grecques. Et ce problème pourrait être résolu au moins en tant qu'on peut poser plusieurs séries de faits susceptibles d'être reconnus avec précision. Il est déjà plus difficile de relier ces séries entre elles. Et pourtant, si nous prenons pour base les faits les plus essentiels de l'histoire des sons, nous réussirons, je crois, plus d'une fois, à découvrir avec certitude quelque chose d'antérieur et quelque chose de postérieur. Pour cette seconde période, les recherches doivent nécessairement prendre un certain espace. Je remets à une autre occasion d'entrer dans ce sujet.

Au contraire, pour la période d'organisation il ne peut s'agir, au moins pour commencer, que de jeter une esquisse, que de poser, relativement à la succession des phénomènes les plus essentiels du langage, certains points de vue qui, malgré les plus sérieux efforts pour ne rien affirmer sans fondement, doivent cependant avoir un caractère plutôt hypothétique. Mais de telles hypothèses sont absolument indispensables à notre science. Après plus de cinquante ans consacrés à une analyse laborieuse des formes particulières, il devient indispensable de réunir ces formes et de se les représenter réunies, et il faut non-seulement le faire pour les âges de la vie du langage révélés par des témoignages historiques, mais encore oser la même chose pour cette période primitive. C'est dans ce sens que Steinthal s'est déjà donné la tâche[1] d'exposer le développement de la langue sanscrite, depuis la création des racines jusqu'à la forme de mot complétement achevée, « non-seulement comme un ensemble théoriquement donné, mais comme une croissance qui s'est opérée dans le temps. » Et il jette lui-même une esquisse du développement des langues indo-germaniques, à laquelle nous nous rattacherons plus d'une fois.

Qu'on se garde bien de tenir pour superflus ces essais d'embrasser l'ensemble du langage. Car, en définitive, l'épreuve n'est faite pour une affirmation isolée que lorsqu'elle peut être rattachée à une grande série de vérités connexes, et pour une

---

1. Dans sa *Charakteristik der hauptsæchlichsten Typen des Sprachbaues*, p. 277.

affirmation historique (et toute affirmation linguistique en est une dans un certain sens), que lorsqu'elle trouve sa juste place dans un tableau général présentant d'une manière satisfaisante le développement de l'objet en question. Essayons donc cette esquisse d'un développement qui, sans aucun doute, remonte à une période très ancienne de la vie des peuples.

## I. PÉRIODE DES RACINES.

Si nous désignons par le nom de racines les éléments irréductibles ou, comme les nomme Max Müller, les éléments constitutifs du langage, il nous faut admettre que toute structure du langage a commencé par la création de racines. Presque tous les savants, dans la linguistique nouvelle, s'accordent à admettre ce point [1]. Nous regardons en outre les racines, non comme de simples abstractions ou des hypothèses destinées à aider le raisonnement, mais comme des êtres réels ou des « mots primitifs, » qui dans la période de création du langage existaient par eux-mêmes [2]. Je me trouve en cela d'accord avec des savants tels que Bopp, Max Müller, Heyse, Schleicher, et d'autres encore. S'il y a des langues qui, comme le chinois, peuvent se contenter de mots monosyllabiques et non susceptibles d'aucune modification, rien ne nous empêche de supposer un pareil état pour les langues dont il s'agit ici, et cette supposition me paraît toujours encore avoir pour elle beaucoup plus de vraisemblance que d'autres théories. « Il a dû nécessairement y avoir, dit Heyse [3], avant que le langage prît la forme grammaticale, un état où il ne se composait que de racines. » « *These germinal forms would have answered every purpose in an early stage of languages,* » dit Max Müller [4], en opposition à d'autres opinions, comme en a avancé Pott [5]. Je ne puis concevoir pourquoi, selon l'expression de Pott, les racines, comme telles, manqueraient nécessairement de l'empreinte qui fait les mots, et par suite seraient dépourvues de la valeur réelle qu'ont les mots

1. Voir l'appendice.
2. *Grundzüge der griechischen Etymologie*, 2ᵉ éd., p. 41.
3. *System der Sprachwissenschaft*, p. 111.
4. *Lectures*, II, 81.
5. *Etymologische Forschungen*, II, 2ᵉ éd., 93.

dans le discours. Ce qui était jadis un mot primitif est précisément ce qui ne *paraît* plus être qu'une racine au point de vue d'un développement avancé du langage. L'Hindou, le Grec, ne parlaient pas sans doute par racines, mais leurs ancêtres communs le faisaient dans une période fort antérieure à l'extension d'une structure du langage aussi pleine d'art que celle que nous avons sous les yeux. Si nous entendons ainsi les racines, elles se trouvent dépouillées du caractère mystique et mythique dont on les a plus d'une fois enveloppées.

Je me trouve aussi d'accord avec la plupart des linguistes quand j'attribue aux racines le caractère monosyllabique. Avec la rapidité de l'éclair, a-t-on dit, l'image une se manifeste dans une combinaison phonique qui doit pouvoir être perçue en un moment. Il est également indispensable de diviser les racines en deux classes que nous avons l'habitude de nommer Racines Verbales ou Racines dans le sens étroit du mot, et Racines Pronominales ou Thèmes Pronominaux. Ici cependant les opinions sont déjà plus divergentes : et d'abord en ce qui concerne la dénomination, Heyse appelle[1] les premières Racines Matérielles, les autres Racines Formelles. Mais comme il ne peut exister de forme sans matière et que les thèmes pronominaux ont aussi une existence réelle et indépendante, cette expression est impropre. Celles de Steinthal et de Max Müller sont meilleures : ils appellent les racines, l'un[2], Qualitatives et Démonstratives, l'autre[3], à peu près de même, Prédicatives et Démonstratives, et ils touchent certainement ainsi l'essence même des pronoms. Si les pronoms sont, comme les désigne aussi Schömann[4], des mots indicatifs, leurs racines peuvent être nommées indicatives. Schleicher[5] distingue des Racines d'Idée et des Racines de Rapport. Mais de même que la notion ne se développe que de l'image qui est plus sensitive, de même on admettra bien, je pense, que le rapport ne se développe que de l'indication. Nous approcherons donc, je crois, davantage de l'essence primitive des deux espèces, en appelant les unes Racines Appellatives, et les autres Racines Indicatives. Mais à la vérité c'est, ici encore, une question controversée, si cette bipartition existait ou non dès le

1. *System,* p. 153.
2. *Typen,* p. 278.
3. *Lectures,* I, 239, trad. franç. p. 271.
4. *Redetheile,* p. 96.
5. *Compendium,* 2ᵉ éd., § 206, p. 311.

commencement. Tandis que Bopp, dans son analyse de la structure du langage indo-germanique, ne va pas au-delà de ce dualisme, et que Heyse, Steinthal et d'autres encore s'y arrêtent aussi, l'identité primitive des deux sortes de racines a été récemment plus d'une fois affirmée, et pour la première fois que je sache par Jacob Grimm [1], ensuite par Schleicher dans son *Compendium* [2], et d'une façon encore plus décidée dans son traité *Ueber Nomen und Verbum* [3], et par Benfey dans les dissertations citées dans l'appendice. Il serait peut-être très difficile de décider cette question. Personne jusqu'ici n'a expliqué d'une manière convaincante l'origine d'un pronom par une racine verbale. C'est encore pour les pronoms personnels qu'on a avancé les conjectures les plus séduisantes; mais on réussirait peut-être moins bien pour les autres. Les langues qui ne connaissent pas la différence du nom et du verbe sont nombreuses, mais y a-t-il bien une langue sans pronoms? Cette question peut d'autant mieux être écartée ici, qu'il est parfaitement établi que le dualisme devait exister déjà dans les temps les plus reculés de la vie du langage indo-germanique, et avant toute création de formes; car la structure entière des langues de notre race repose sur la combinaison variée d'éléments appellatifs et indicatifs. C'est seulement par ce dualisme que se font dans le langage la lumière et les ombres; c'est lui seul qui permet d'assembler les mots d'une manière significative et de remplir ainsi la première condition de tout développement ultérieur.

Mais il ne peut naturellement être question, à ce degré de développement, d'une différence entre le nom et le verbe. Si une racine de la première espèce ne fait que nommer, ou si elle affirme quelque chose (et il n'y a pas d'autre différence entre le nom et le verbe), c'est ce que rien n'indique dans cet état primitif du langage. La racine *da* peut signifier celui qui donne, ce qui est donné, l'action de donner; mais elle ne peut jamais comme telle signifier d'une manière déterminée : « il donne. » Une pareille affirmation repose toujours sur une synthèse incompatible avec la racine nue. Toute distinction manquait donc entre l'action pour ainsi dire encore à l'état fluide, et l'action immobilisée. C'est ainsi en effet que les choses se passent, comme le montrent avec la dernière évidence les langues dépourvues de formes.

1. *Ueber Etymologie und Sprachvergleichung.* — *Kleine Schriften,* I, 312.
2. 2ᵉ éd., § 265, p. 642.
3. P. 500.

Le nombre des racines primitives ou des mots les plus anciens ne peut avoir été extrêmement grand dans notre famille de langues. C'étaient exclusivement, à ce qu'il semble, des syllabes à voyelle brève. Car même pour les racines terminées par la voyelle *a*, il est bien vraisemblable après l'argumentation de Schleicher[1] que ce ne sont pas, comme le veulent les grammairiens indiens, *dā*, *dhā*, *pā*, etc., mais bien *da*, *dha*, *pa*, qui doivent être considérées comme les vraies racines. Il faut admettre ce point pour que l'unité et la symétrie apparaissent dans la formation verbale et nominale primaire. Si l'on part pour le sanscrit *ǵa-ǵān-a*, non de *ǵān*, mais de *ǵan*, pour λήθ-η, non de λήθ, mais de λαθ, on est fondé à partir aussi pour δέ-σι-ς de δο, et par conséquent pour le sanscrit *dā-na-m*, de *da* bref. Le développement ultérieur des racines dans la seconde période fait aussi présumer que les voyelles finales de racines étaient brèves. Mais outre ces racines terminées par une voyelle, il faut très certainement en admettre aussi qui finissent par des consonnes, comme *ad* (manger), *ak* (être aigu), *ag* (pousser), *an* (souffler), *ar* (aller, faire effort), *av* (souffler), et d'autres qui commencent et finissent tout à la fois par une consonne, comme *pat* (voler), *sad* (être assis), *div* (briller), *tar* (franchir), *dar* (déchirer), *gar* (user), *bhar* (porter).


## II. PÉRIODE DES DÉTERMINATIFS.


Si dans l'analyse de formes données nous atteignons souvent un point où nous devons nous arrêter définitivement, et des formes fondamentales dont le caractère primitif ne peut être révoqué en doute, il arrive aussi quelquefois que la forme fondamentale obtenue de même soulève une question nouvelle, celle du rapport de cette forme avec une autre plus courte, et à ce qu'il semble plus élémentaire. Bien certainement la racine *gan*, gréco-italique *gen*, est la base du sanscrit *ǵanā-mi* ou *ǵa-ǵan-mi*, des formes nominales *ǵanas* = γένος, lat. *genus*, *ǵan-i-tar* = γεν-ε-τήρ, *gen-i-tor*, etc., de même que la racine *an*, par exemple, est celle de la forme verbale *an-i-mi*, des formes nominales *an-a-s* « souffle », grec ἄν-ε-μο-ς, lat. *an-i-mu-s* et *an-i-ma*. Mais tandis que pour la seconde de ces formes fonda-

<hr>

1. *Beiträge zur Vergleichenden Sprachforschung.* II, 92 et suiv.

mentales, il n'est pas probable que personne s'avise de pousser
plus loin l'analyse, à côté de *gan* au contraire se présente la
forme *ga* dans le sanscrit *ĝā-ti-s* « naissance », *ĝā-j-ē*, « je
nais », gr. γέ-γα-μεν, et il faut se demander quel est le
rapport de la plus courte à la plus longue. Pour être conséquents,
nous devons considérer la plus courte, que nous avons l'habitude
de nommer la racine primaire, comme la plus ancienne, et la plus
longue comme la plus nouvelle, formée de la précédente. J'ai proposé pour ces éléments additionnels qui font la différence des
formes plus nouvelles aux plus anciennes, le nom de Déterminatifs de racines. J'ai déjà traité cette question dans les *Grundzüge
der griechischen Etymologie*[1]. Il sera donc superflu d'entrer
ici dans de plus amples détails. Cependant nous pouvons discuter
en peu de mots quelques points que je n'ai pas touchés alors. La
plupart des linguistes regardent cet élargissement des racines
comme un phénomène relativement récent. L'explication qu'ils
en donnent est de deux sortes. Quelques-uns en effet y reconnais-
sent une composition d'une racine non fléchie et d'une racine
fléchie. Si le *dap* qui se présente dans δά-π-τ-ω, δαπ-άνη, supposait réellement, comme le veut Benfey, un verbe analogue au
causatif sanscrit *dāpajā-mi*, ce *p* ne se serait introduit que dans
la période où la flexion verbale était en pleine vigueur. Benfey,
par une hypothèse en tous cas assez hardie, explique *pajā-mi*
par *facio*. Le tout serait ainsi une formation récente, une forme
verbale composée, analogue au latin *calc-facio*. Mais dans
toutes les langues de notre race nous remarquons après le complet achèvement de la flexion verbale une aversion déclarée
pour l'union immédiate de racines verbales avec des formes
verbales fléchies. La composition, si fréquente pour les formes
nominales, est pour les verbes, à part leur union peu étroite avec
des préfixes, généralement évitée, et ce ne peut être là l'effet du
hasard. Il n'y a d'exceptions que pour un petit nombre de thèmes
verbaux dont le sens s'est fort effacé et qui ont pu ainsi servir de
verbes auxiliaires, comme les racines *as, ja, dha*. On ne peut
méconnaître l'emploi de pareilles racines dans la formation des
temps. Mais là même les formes sont sans comparaison plus primitives que ce *dā-pajā-mi*, propre au sanscrit, et qui porte
toutes les traces d'une dérivation d'un thème nominal. En outre,
il ne se forme pas de ces éléments un tout doué d'une aussi grande
cohésion ; les liaisons que ces verbes auxiliaires contractent avec

---

1. 2ᵉ édit., pp. 58 et suiv.

les racines sont moins étroites et limitées à tel ou tel thème de temps. Enfin à peine y a-t-il un des éléments additionnels que nous considérons ici, pour l'explication duquel on ait à proposer une racine verbale.

Toutes différentes sont les vues de ceux qui identifient ces mêmes éléments avec les suffixes de formation des noms [1]. Le *k*, par exemple, qui fait la différence de la forme plus forte ἐλε-κ (ἐλέκ-ω, ἐλώλεκ-α) à ἐλε, ἐλ, serait identique au *k* du thème nominal φυλα-κ, ou au suffixe *ka*, gr. κο, formé du thème pronominal *ka*, ex. sct. *dhū-ka-s* « réservoir », de la racine *dhū* « poser » (comp. gr. θή-κη). L'*n* de *ǵanā-mi* ne serait pas différente de l'*n* du suffixe -*na* dans *svap-na-s* « sommeil » = ὕπ-νο-ς, de la racine *svap* « dormir ». Le *t* de la racine *djut* « briller », comparée à *div* ou *dju* qui a le même sens, serait le même que celui du sct. *sthi-ta-s* « se tenant debout » = στα-τό-ς. Mais on voit clairement que la fonction des mêmes éléments est essentiellement différente dans les formes nominales et dans les formes verbales. Ces thèmes pronominaux, quand ils font partie d'un thème nominal, sont destinés à montrer l'idée du thème comme effectivement présente, comme attachée à un objet; ils ne servent donc qu'à faire ressortir davantage la signification nominale du thème. Nous rencontrerons sans doute plus loin des thèmes nominaux jouant aussi le rôle de thèmes verbaux. Mais cela n'a lieu, comme on le verra, que pour un but parfaitement déterminé, dans la formation du présent. Ces lettres *p*, *k*, *n*, *t* se retrouvent dans toute la flexion du verbe aussi bien que dans la formation nominale primitive : *ǵa-ǵān-a* = γι-γον-α, *ǵa-ǵan-ti*, *ǵan-us* = γέν-ος, *djōt-a-tē*, *di-djut-ē*, *djōt-a-s*, *djōt-is*. Les formes fondamentales *ǵan*, *djut*, sont, sous tous les rapports, et particulièrement en ce qui concerne la gradation phonique intérieure, traitées absolument comme les racines primaires, qu'aucune analyse ne peut plus décomposer, comme par exemple *an*, *kan*, *pat*. Ne ressort-il pas de là que ces formes qui, pour la conscience du langage, ne se distinguent en rien des racines primitives, étaient déjà présentes dans la langue *avant l'apparition de la flexion* et avant la formation primaire des mots? Pour les dénominatifs des périodes postérieures, il s'est établi des lois de formation tout autres. D'ailleurs une grande partie des éléments additionnels que nous nommons déterminatifs n'ont aucune ressem-

---

1. C'est Ascoli qui va le plus loin en ce sens dans ses *Studj Ario-Semitici.*

blance avec des suffixes nominaux réellement usités, et il a fallu pour les y ramener les hypothèses les plus arbitraires [1].

Les déterminatifs limitent les racines intérieurement, ils circonscrivent la sphère d'une racine; les suffixes nominaux les limitent extérieurement, ils donnent à la racine une application plus resserrée à des objets précis.

De la racine *ju* se forment *jug* et *judh*. L'idée fondamentale « joindre » s'attache aux trois combinaisons phoniques. Mais, tandis que *ju* signifie aussi par exemple « mêler, délayer (de la pâte) », à *jug* s'attache plutôt le sens de « joindre, d'attacher, avec une intention », surtout d'« atteler les chevaux au char », et *judh* a exclusivement celui d' « en venir aux mains », il exprime l'idée de « rencontre. » Les suffixes de formation des mots modifient le sens d'une tout autre manière : *jug-a-m*, « le joug qui joint », *jōk-tar* « celui qui joint », *jōk-ti* « la jonction ». J'ai cru reconnaître [2] la racine primaire *tar* (*tar-ala-s*, palpitant, tremblant) ou *tra* avec l'idée fondamentale de mouvement dans les racines élargies *tra-s*, *tra-m*, *tra-k* (lat. *torqu-eo* = τρέπ-ω), *tra-p* (lat. *trep-idu-s*), et *tri*, *tru*, qui ne diffèrent de *tra* que par l'affaiblissement de la voyelle, dans *trup* (gr. τρύπ-ανο-ν), *trib* (gr. τρίβ-ω). Chacune de ces racines élargies s'est appropriée à un usage déterminé. Que trouvons-nous de semblable dans le domaine des verbes incontestablement dénominatifs? Il n'y a que des différences peu considérables entre l'usage de *jaclare*, *mutare*, νιπτάν, φορείν, et celui de leurs primitifs *jacere*, *movere*, νίζειν, φέρειν. On pourrait plutôt comparer les modifications opérées par les déterminatifs aux différences de sens produites dans des périodes plus récentes de la vie du langage par les prépositions employées comme préfixes. En général, la formation des thèmes des verbes est évidemment close beaucoup plus tôt que celle des noms, et par suite soustraite à une extension sans limites. Au contraire la tendance à frapper les noms d'une empreinte individuelle est restée active jusque bien avant dans la période de la vie séparée des langues, et a permis d'obtenir des noms différents pour la multitude immense des objets qui par

1. Ainsi Ascoli (p. 20), pour expliquer le déterminatif *p*, suppose un pronom *pa* qui ne se présente nulle part dans le domaine des langues indo-germaniques. Car le sanscrit *pa-ra-s* (l'autre), qu'il cite, pourra bien aussi s'expliquer autrement. Il faut même que ce *pa* se métamorphose aussi à l'occasion en *bha* pour expliquer ainsi un *bh* additionnel.

2. *Grundzüge*, 2ᵉ éd., pp. 201, 203.

suite des progrès de la civilisation demandaient à être désignés par un mot. Nous sommes fondés à conjecturer que cette tendance plus durable s'est aussi éveillée plus tard. Au contraire dans les déterminatifs nous avons toute raison de reconnaître de très anciennes additions aux racines, qui pour cela même ont formé avec elles les combinaisons les plus solides, et qui, par la manière dont elles sont traitées dans la flexion, ne laissent entrevoir aucune différence entre les racines élargies et les racines primaires. Il est possible, vraisemblable même, que lorsqu'une fois une série de types se fut établie, d'autres se soient formés d'après leur analogie. Mais les types eux-mêmes remontent en tous cas à une époque reculée.

Je crois devoir, maintenant encore, laisser sans réponse la question de l'origine des déterminatifs. Le plus vraisemblable pour bien des raisons, au moins en ce qui concerne plusieurs de ces éléments additionnels, c'est qu'ils cachent des racines verbales. Mais s'il en est ainsi, nous avons là l'exemple d'une composition fort différente de celle de formes verbales fléchies avec des thèmes verbaux, que nous avons plus haut refusé d'admettre. Les racines mêmes ne sont ni noms, ni verbes. En supposant donc que *ju-dh* soit un ancien *ju-dha* « lier faire » [1], nous aurions ici un composé qui ne serait nullement comparable à une formation impossible comme ἐνομματώθημι, mais qui rappellerait plutôt une forme telle que ἐνομματωθέτης. Car précisément ce qui empêchait la composition avec des formes verbales développées, c'est-à-dire la nature polysyllabique et la variété des formes changeant selon les besoins de la pensée, n'existait pas ici. De même si les déterminatifs cachaient des thèmes pronominaux, l'emploi en serait tout autre que dans les formes nominales caractérisées par des suffixes. Admettons que le *k* additionnel de la racine *tark*, *trak* comparée à la racine *tar*, *tra*, soit le même qui distingue le thème λύθκα de λύθο : l'emploi en serait cependant très différent dans les deux cas. Dans le nom, le *k* indique un objet particulier qu'il fait ressortir de certains autres. Dans le thème verbal, la notion que celui-ci renferme est tout entière et essentiellement modifiée. La différence est à peine moindre que celle du suffixe *as* employé comme élé-

---

1. Il se peut que l'emploi de la racine *dha* dans certains thèmes de temps, par ex. dans les formes grecques comme πλή-θω, ἠγερ-έ-θοντο, et particulièrement à l'aoriste passif, et aussi la formation du prétérit faible allemand, reposent sur une fusion de cette racine avec d'autres, beaucoup plus récente que celle dont nous traitons ici.

ment de formation des mots, pour frapper des racines verbales
d'une empreinte qui en fait des noms de signification abstraite, et
le même suffixe *as* désignant le nominatif pluriel ou le génitif
singulier d'un thème nominal. Donc, lors même que les deux *k*
auraient la même origine, les deux usages que le langage en fait
ne se ramèneraient pourtant pas à la même analogie ; ils appar-
tiendraient, à ce qu'on peut conjecturer, à des temps tout à fait
différents de l'histoire, à des tendances différentes de l'instinct
du langage.

En principe, il me semble qu'on peut bien se représenter une
partie de ces éléments additionnels comme provenant de racines
verbales, une autre comme provenant de thèmes pronominaux.
Et même, on ne peut écarter absolument la possibilité d'une
origine purement phonique pour la nasale qui distingue la forme
*gan* de la forme plus faible *ga*. Le nom de déterminatif donné à
ces éléments additionnels offre au moins l'avantage de les distinguer avec précision d'éléments additionnels d'une autre
espèce.

A l'aide des racines élargies au moyen de déterminatifs, on a
dû pouvoir immédiatement désigner un bien plus grand nombre
d'idées. Peut-être est-ce aussi dès lors que le langage a connu
des mots dissyllabiques, en sorte que *ju-dha, tar-ka*, furent
usités à côté de *ju, tar*. Si l'on suppose que cet état du langage
ait duré un certain temps avant l'apparition de la flexion, on
pourra concevoir aussi que la voyelle finale, non protégée du-
rant cette période, soit tombée, et que la consonne finale soit
restée seule comme élément additionnel.


## III. PÉRIODE VERBALE PRIMAIRE.


Nous pouvons considérer la création de formes verbales primaires comme le premier pas dans ce que nous appelons à proprement parler Formation [1]. L'essence du verbe est l'affirmation.
Cette affirmation se réalise par l'adjonction de pronoms personnels, inséparablement unis comme signes du sujet, à des racines
de valeur appellative, par exemple *dā-ma* « donner moi »,
*dā-ta* « donner lui ». La combinaison des deux éléments est donc

---

1. M. Steinthal est du même avis dans sa *Charakteristik der hauptsæchlichsten Typen des Sprachbaues*, p. 285.

ici *prédicative*. Il se forme ainsi une petite phrase, le modèle encore nu de toutes les phrases dont la formation ultérieure, se diversifiant peu à peu, était chose relativement facile, si on la compare à la création de cette phrase primitive. Schleicher a montré[1] que les langues autres que celles de notre race ne peuvent réussir à distinguer d'une façon précise et avec une entière sûreté les deux catégories. Le caractère propre de la structure du verbe dans les langues indo-germaniques repose justement sur la conception précise du rapport prédicatif. Les langues sans formes désignent souvent les rapports des mots entre eux par la place invariable qu'elles leur assignent. Nous pouvons donc conjecturer qu'avant la combinaison prédicative, il y a eu un temps où le thème pronominal, dès qu'il était employé comme sujet, avait sa place invariablement fixée après la racine verbale. Mais cependant le fait décisif fut la combinaison indissoluble des deux éléments. Il est vraisemblable que cette combinaison se produisit dès le commencement de la création des formes, et que l'idée s'en grava avec une telle netteté dans la conscience du langage, qu'une confusion avec d'autres additions fut dès lors impossible. La forme fondamentale supposée de la troisième personne du singulier *dā-ta* contient exactement les mêmes éléments que le thème de l'adjectif verbal *dā-ta* dont s'est formé le nominatif *dā-ta-s* = ἐς-τί-ς, *da-tu-s*. Il est à peu près impossible que les deux formes se soient produites dans le même temps. On y reconnaît deux traits entièrement différents de la formation du langage. Dans la dernière forme, *ta* se joint à *dā* dans un sens attributif « donner là », c'est à dire « le don, le donné là ». On ne rencontre aucune trace de nature à faire supposer qu'il y ait eu jamais un temps où *dā-ta* signifiât simultanément « il donne » et « donné ». Mais admettons que dans une période très reculée du langage, l'adjonction de suffixes ait eu lieu exclusivement dans le sens prédicatif. Admettons aussi que des formations toujours encore assez peu ductiles qui se sont ainsi produites, il soit sorti des formes plus souples, d'une part par l'accourcissement et l'amollissement des désinences, de l'autre par des renforcements de la racine. On comprendra ainsi facilement que lorsqu'on n'eut plus conscience de l'origine de la forme *dā-ti* sortie de *dā-ta*, ou de *dadā-ti* (formé du thème

---

1. *Ueber Nomen und Verbum in seiner lautlichen Form. — Abhandlungen der philol.-histor. Classe der Kœnigl. Sæchsischen Gesellschaft der Wissenschaften*, IV, p. 501 et suiv.

redoublé), dans une période plus tardive, mais toujours encore décidément créatrice, la racine, ainsi que nous le verrons, considérée comme nom, ait pu s'unir de nouveau au même élément, mais dans un sens tout autre.

Dans le fait, il y a des raisons de tout genre en faveur de la priorité des formes verbales les plus anciennes sur les formes nominales articulées [1]. Je voudrais faire ressortir particulièrement les suivantes :

1º Les formes verbales primaires (et celles de l'actif se seront seules produites d'abord) sont peu nombreuses. Comme les formes du duel sont vraisemblablement sorties plus tard de celles du pluriel, nous n'avons affaire qu'à six formes qui à leur tour se partagent entre deux nombres. Les formes du pluriel contiennent évidemment les mêmes éléments que celles du singulier, mais ces éléments y sont unis deux à deux. Ce n'est donc que pour les trois formes du singulier qu'il a fallu une création tout à fait originale. En somme on trouve, ici aussi, l'application du proverbe : πλέον ἥμισυ παντός. Dès qu'un des trois thèmes pronominaux se fut, par la puissance de l'accent tonique, uni à une racine de manière à former avec elle un tout, dès lors fut créé dans ses traits essentiels le type qui ne fit que se renouveler dans les autres formes. La transparence et la signification déterminée de ces formes nous rend tout particulièrement probable leur origine antique.

En regard de cette simplicité et de cette sûreté, ce que nous appelons formation des noms, par opposition à la flexion, offre le caractère d'une extrême diversité. Cette différence avait déjà été observée par les anciens grammairiens. La flexion leur paraissait comme une *declinatio naturalis*, la formation des mots comme *voluntaria*. Il leur semblait que dans celle-là dominait la constance, dans celle-ci l'inconstance [2]. Les langues de notre race ne perdraient guère de leur caractère, si au lieu de la multitude presque innombrable de leurs suffixes de formation, elles n'en avaient qu'un petit nombre. Mais sans flexion verbale elles seraient absolument autres. La richesse dans la formation des noms est un luxe du langage, luxe agréable et délicatement employé ; mais la flexion verbale est la condition première de sa

1. L'auteur oppose ici les formes nominales articulées aux racines nues employées avec le sens de noms. Voyez plus loin, page 69. (Note du Traducteur.)

2. Varron. — *De ling. lat.* IX, 34.

vie propre. Or les articles de luxe ne se produisent d'ordinaire qu'après la satisfaction des besoins les plus pressants de la vie.

2⁰ Si les noms avaient reçu leur empreinte variée antérieurement à la création des formes verbales primaires, si ces dernières étaient déjà *dénominatives*, ainsi qu'on l'a affirmé, nous devrions nous attendre à y trouver partout des traces évidentes de formes nominales. Il existe à la vérité une couche de verbes évidemment dénominatifs, c'est-à-dire composés de thèmes nominaux ; il existe aussi d'autres formes verbales dans lesquelles nous reconnaîtrons plus bas de pareils thèmes. Mais il y a une autre catégorie de verbes qui se distingue très nettement des deux précédentes, et ne présente aucun trait de ce genre. Il nous faudrait les preuves les plus frappantes pour admettre déjà dans des formations aussi simples et aussi claires que *ai-mi* = gr. εἶ-μι, *i-mas* = gr. ἴ-μες, de fortes mutilations de la syllabe radicale. De telles formes portent bien le caractère de la plus haute antiquité.

3⁰ Les formes verbales primaires sont de toutes celles des langues de notre race celles qui s'y sont maintenues avec le plus de ténacité. C'est pour cela même qu'elles ont servi de point de départ pour la découverte de la parenté des langues dans le *Système de conjugaison* de Bopp. Au contraire dans la formation des cas nous trouvons déjà une certaine diversité ; nous constatons çà et là différents essais pour exprimer le même rapport, par exemple au génitif singulier et à l'instrumental. Dans les désinences personnelles les traces d'une semblable hésitation sont extrêmement rares. Un moyen déterminé et unique y est employé avec une sûreté parfaite à une seule fin à laquelle il répond exactement. Ces six désinences personnelles primitives sont, bien proprement, un caractère indélébile de toutes les langues indo-germaniques. Or c'est ce qui s'explique tout naturellement, si l'on considère la création de ces formes comme le premier fait de la formation propre du langage indo-germanique.

4⁰ Il est invraisemblable qu'une formation nominale variée se soit produite antérieurement à la formation verbale ; mais il est tout à fait impossible de se représenter la formation des cas dans un temps si reculé [1]. Le besoin de cas ne pouvait se faire sentir

---

1. Misteli aussi, dans son intéressante dissertation sur les terminaisons du moyen (*Zeitschrift* de Kuhn. XV, 296), conclut que rien ne nous

que dans la phrase, et sans verbe il n'y a pas de phrase, dans le sens propre du mot, mais seulement des agglomérations ou des groupes de mots. En outre les cas supposent des thèmes nominaux d'une empreinte achevée, dont la présence avant les formes verbales que nous considérons ici, nous a paru invraisemblable. Il n'y a qu'un point de rencontre entre la conjugaison et la déclinaison, c'est le nombre, qui demande à être désigné dans le verbe comme dans le nom. Mais cette désignation s'y fait de deux manières entièrement différentes. S'il y avait eu, avant que les désinences *-masi, -tvasi, -(a)nti* eussent reçu leur empreinte définitive, un suffixe du pluriel, nous devrions nous attendre à le trouver parallèlement dans le verbe et dans le nom. Car ce que le langage a une fois appris, il ne l'oublie pas. Mais ce qui montre qu'on ne doit chercher rien de tel dans l'*i* par exemple, c'est le singulier *-mi, -si, -ti*. Le *nous, vous, ils* dans le verbe est entièrement différent de ce qu'il est dans le pronom indépendant. Le nominatif pluriel avec son *s* ou *as* s'est formé évidemment d'une manière tout à fait indépendante, et, à ce qu'on peut supposer, dans un temps où les désinences personnelles existaient depuis longtemps comme telles. Les désinences du moyen, dans lesquelles je reconnais maintenant [1], avec Bopp et Schleicher, deux thèmes pronominaux qui sont dans des rapports différents avec l'action, par exemple *dā-ta-i = dā-ta-ti*, ne peuvent s'être produites non plus que dans un temps où il n'y avait pas encore de cas. Autrement celui des deux *ta* qu'il faut prendre dans le sens du régime porterait une désinence casuelle.

Nous n'avons pas ici à entrer dans les détails de l'origine de chaque forme. Mais sous le rapport chronologique nous pouvons reconnaître clairement à l'intérieur de cette période différentes subdivisions : d'abord au point de vue de la phonétique. Les terminaisons du pluriel telles que *ma-si*, c.-à-d. *ma-tvi, tha-si*, c.-à-d. *tva-tvi*, les terminaisons du moyen telles que *ma-i*, c.-à-d. *ma-mi, ta-i*, c.-à-d. *ta-ti*, renferment les suffixes *-ma, -tva, -ta*, avec la voyelle non affaiblie. L'affaiblissement en *i* est donc un fait plus récent. De plus, il est évident que le moyen ne s'est formé qu'après l'actif qu'il suppose partout, et auquel il

autorise à nous figurer la flexion des substantifs comme plus tôt accomplie que celle du verbe.

1. M. Curtius expliquait autrefois la différence entre μι et μαι, σι et σαι, τι et ται par un renforcement symbolique. *Tempora und Modi*, p. 29 et suiv. — Trad.

se rattache étroitement. A la seconde personne du singulier du moyen, dont nous pouvons sans doute avec Schleicher ramener la désinence *sai* à *tra-tri*, le même pronom se trouve employé deux fois aussi bien que dans le suffixe du pluriel *tha-s*, c.-à-d. *tva -tri*. Au pluriel la combinaison est copulative « toi et toi »; au moyen elle est devenue constructive « *tu te* » ou « *tu tibi* ». Nous rencontrons encore un redoublement du pronom à la troisième personne de l'impératif, et là accompagné d'un allongement qui convient bien à l'action intensive : $d\bar{a}$-$l\bar{a}$-$t(a)$ = δί-δω-(τι). Ces combinaisons différentes des mêmes éléments appartiennent vraisemblablement à différents temps de notre période.

Lorsqu'avec de pareilles formes eut été créé comme le cadre des verbes primitifs, et que grâce aux variations d'une série de formes semblables par le thème et différentes par la désinence, le sentiment de la flexion se fut éveillé, alors se produisirent, du moins à ce qu'on peut conjecturer, des transformations diverses de ce qui avait été ainsi créé. Il s'agissait de fonder entre le thème et la désinence, par une appropriation réciproque, un rapport fixe, de réaliser ainsi cette souplesse des formes qui est un signe distinctif de la véritable flexion. Les moyens qu'on employa furent le renforcement du thème et l'affaiblissement des terminaisons. Mais le renforcement du thème ne fut pas indépendant de la force des désinences: il n'eut lieu que devant les désinences plus légères du singulier. On voit que ce fait se distingue de certains phénomènes postérieurs, en ce qu'il s'agissait ici pour le langage d'établir une espèce d'équilibre, et non de faire partout ressortir le thème. On eut ainsi au singulier la 1re pers. *ai-ma* (plus tard *ai-mi*), mais au pluriel la 1re pers. *i-ma-tva* (plus tard *i-ma-si, i-mas*), au singulier encore la 3e pers. *ai-ta* (plus tard *ai-ti*), mais au pluriel la 3e pers. *i-an-ta* (plus tard *i-an-ti*). Cette variation de quantité devient dès lors, et reste en dépit de tous les affaiblissements et allégements ultérieurs, inhérente à la plupart des formes qui appartiennent à cette formation primitive (ex. gr. φη-μί, φᾰ-μέν).

L'affaiblissement de la voyelle finale contribue aussi à la souplesse du mot, et il est absolument impossible de le mettre sur la même ligne que les altérations beaucoup plus fortes des périodes postérieures. Le thème est d'autant plus *thème* qu'il ressemble moins à la désinence ; la désinence remplit son objet d'autant mieux qu'elle est moins lourde, qu'elle s'unit avec plus de souplesse au thème pour constituer une forme qui ne soit pas trop embarrassée. Dans la création des désinences du moyen, il est déjà absolument impossible de méconnaître une transformation phonique considérable; mais cette modification même a servi à produire des formes plus souples. Ici du reste, sur bien des détails, le dernier mot n'est sans doute pas encore dit.

Mais à côté des renforcements mobiles du thème, c'est-à-dire de ceux qui ne s'étendent qu'à une partie des formes, il semble que cette période en a déjà connu un constant, s'étendant à toutes les formes : le *redoublement*. Ce moyen de faire ressortir un mot ou une syllabe, le plus enfantin de tous, nous pouvons, d'après ce que Pott [1] a montré de son emploi dans les langues les plus diverses, nous attendre à le rencontrer surtout dans les périodes reculées du langage.

Comme le redoublement n'a rien de commun avec ce qui constitue proprement la flexion, il pouvait exister déjà dans une des deux périodes antérieures. Mais si *dada*, par exemple, existait à côté de *da*, et *stasta* à côté de *sta*, il était très naturel de donner à ce thème redoublé les terminaisons personnelles, de la même manière qu'au thème monosyllabique. Ainsi se forma *da-dā-ma* à côté de *dā-ma*, *da-da-ma-tva* à côté de *da-ma-tva*, et ainsi pour toutes les autres personnes. Naturellement il ne faut pas affirmer que toutes les racines aient eu de ces doubles formes. C'était certainement d'après sa signification qu'une racine prenait de préférence, ou peut-être exclusivement, la forme redoublée, ou ne la prenait jamais. Mais quand une fois se fut éveillée la tendance à fléchir aussi la racine redoublée, il dut, souvent du moins, se trouver deux formes, la simple et la redoublée, usitées l'une à côté de l'autre. Car nous rencontrons ici un trait de la vie du langage qui est de la plus haute importance pour l'intelligence de sa structure. C'est la tendance tout à fait conservatrice à retenir les anciennes formations à côté des nouvelles. Il est rare que le langage renonce complètement à ce qu'il a une fois possédé. Comme le nouveau tient toujours à l'ancien, il est difficile que l'ancien, si l'on peut ainsi parler, se démode entièrement. Il se conserve de quelque manière, quoique parfois ce soit seulement dans quelque coin dérobé. Ce sera donc toujours une des tâches les plus importantes du linguiste de chercher à reconnaître des formations anciennes parmi des formations plus récentes. C'est à cette particularité dont on retrouve partout les effets, que le langage doit la richesse des formes, l'accumulation des différentes couches l'une au-dessus de l'autre. Or la

1. *Doppelung.*

diversité des formes invite partout à la distinction ; elle éveille
une autre tendance du langage, la tendance à la différentiation.
Dans ce *da-dā-ma* en regard de *dā-ma*, nous avons le premier
exemple de cette différence entre le thème *fort* et le thème
*faible* qui dès lors ne resta pas sans signification. Il est hors de
doute que le thème redoublé dut dès le commencement faire ressortir davantage l'action, et qu'au contraire les formes tirées
du thème non renforcé servirent à l'affirmation plus simple. Mais
à la vérité il est possible que dans cette période la différence
entre *da-dā-ma* et *dā-ma*, ou entre *da-dā-mi* et *dā-mi*, n'ait
été encore que très peu déterminée. Nous avons déjà eu l'occasion de parler[1] des formes redoublées et des usages différents
auxquels elles servaient ; comme nous l'avons vu, la place
propre de la forme redoublée ne s'est précisée et fixée que quand
d'autres moyens de distinction se furent offerts dans le cours du
temps.

Il est très vraisemblable que l'origine de l'augment remonte
aussi à cette période. L'augment se montre devant les formes
verbales les plus diverses, entre autres devant les formes verbales primaires *a-dā-m*, *a-dadā-m*. Je ne vois aucune raison
pour qu'il n'ait pas fait son apparition dès cette période. L'augment provient, ainsi que je l'admets avec la plupart des linguistes, d'un thème pronominal indiquant l'éloignement. Peut-
être ce thème *a* s'était-il déjà antérieurement fixé comme particule exprimant l'idée du passé. Nous rencontrons en effet des
particules de ce genre dans les langues qui n'ont point créé de
flexion proprement dite. Peut-être, avant la combinaison de cet
*a* avec la forme verbale, l'usage s'était-il établi déjà, par opposition aux thèmes pronominaux désignant le sujet, de renvoyer
devant la racine celui qui sert à un objet si différent. Le pas
décisif était l'union de cet *a* avec les syllabes suivantes sous un
seul accent tonique. Si ces hypothèses sont justes, nous ne pourrons, il est vrai, avec Schleicher[2], regarder l'augment comme
une forme casuelle du thème pronominal *a*. Car les formes
casuelles sont encore complètement étrangères à cette période
comme aux deux suivantes. Mais aussi ne vois-je dans le
son de l'augment aucune raison qui oblige à cette hypothèse.
L'augment *a* ne porte aucune trace d'une formation casuelle,
non plus que les terminaisons *ma*, *tva*, *ta*. Le seul point que les

---

1. P. 44.
2. *Compendium*, § 292, page 752.

faits cités par Schleicher rendent vraisemblable, c'est que l'*a*
était long à l'origine. Mais pourquoi la tendance à faire ressortir
un élément n'aurait-elle pas, dans les thèmes pronominaux
comme dans les racines verbales, eu pour effet l'allongement de
la voyelle? D'après ce que Guillaume de Humboldt, Steinthal et
d'autres savants nous ont appris de la manière dont se compor-
tent les langues sans formes, c'est surtout dans ces périodes
reculées que nous pouvons nous attendre à trouver de ces
changements légers entraînant des nuances de sens très pro-
noncées.

La principale raison en faveur de la date que nous attribuons
à l'augment est celle-ci : c'est par sa présence que s'explique le
plus facilement un autre phénomène évidemment très ancien, je
veux dire la chute complète de la voyelle finale des désinences
personnelles. *a-dā-m, a-dadā-m* supposent des formes *a-dā-
mi, a-dadā-mi,* qui proviennent elles-mêmes par affaiblissement de *a-dā-ma, a-dadā-ma.* On comprend très bien que
l'addition d'une syllabe au commencement du mot ait amené à la
fin un affaiblissement encore plus considérable. Ce ne peut être
par hasard que les désinences appelées secondaires ont au prétérit leur place propre, celle qu'elles gardent le plus fidèlement.
Or les formes secondaires doivent avoir existé de très bonne
heure à côté des formes primaires : c'est ce que montre la succession régulière des unes et des autres à l'actif et au moyen. Il
reste possible que l'accentuation ait aussi exercé une influence
sur cet accourcissement de la fin du mot. L'augment attire sur
lui-même l'accent tonique, en sanscrit et en grec, du moins,
pour cette dernière langue, autant que le permet la loi qui
limite aux trois dernières syllabes les déplacements possibles de
l'accent. Cependant nous ne pouvons pas juger de l'accentuation avec une entière assurance, et nous n'imiterons pas
Benfey qui conclut partout de l'accentuation sanscrite à celle de
la période antérieure à la séparation des langues, et qui plus
est, à celle de la forme la plus ancienne du langage.

D'après nous, la période que nous considérons actuellement
aurait donc produit déjà pour le verbe un nombre assez considérable de formes, savoir :

1º Un double présent,

       *a* présent non renforcé,

       *b* présent renforcé;

2º Ces deux formes à l'actif et au moyen;

3º Des prétérits des deux formes à l'actif et au moyen.

Je ne puis décider si le parfait s'était déjà distingué alors comme temps particulier, mais certainement il n'y avait encore aucune désignation du *Mode*.

En regard de cette formation déjà assez riche du *verbe*, nous devons conjecturer que le *nom* dans cette période n'avait encore reçu aucun développement. Même dans les périodes plus tardives de l'histoire du langage il reste, en vertu de la tendance conservatrice générale, un certain nombre de thèmes nominaux complétement semblables à la racine, ou qui n'en diffèrent que par la quantité de la voyelle. C'est là une preuve que le génie primitif de nos langues n'exige pas pour caractériser un nom un suffixe particulier, quoique ce procédé ait dans la suite été préféré. Nous trouvons un nombre encore assez considérable de noms de ce genre en sanscrit, en iranien, en grec et en latin[1]. Il n'y a, ce me semble, aucune raison de voir, comme on a voulu le faire, dans les mots de ce genre, des formes mutilées. Souvent, il est vrai, on trouve à côté de ces thèmes nominaux si courts d'autres thèmes, de signification voisine ou même identique, qui renferment un suffixe; mais il ne suit pas de là que ces derniers aient produit les premiers. Ce qui semble plutôt déraisonnable, c'est de venir, sans argument qui s'impose, soupçonner une mutilation dans des formes du genre le plus simple, auxquelles tout esprit non prévenu reconnaîtra un caractère particulier d'antiquité. Il faut bien nous représenter ces thèmes nominaux primitifs comme tout à fait en dehors des catégories développées plus tard de noms d'action, d'agent, etc. *Viç* (c.-à-d. *vik*) signifie dans les Vêdas « celui qui entre, colon, homme, » et le zend *vîç* qui n'en diffère que par la quantité signifie « entrée, » par suite « maison, famille. » La signification de ces noms antiques tenait, à ce qu'il semble, le milieu entre celles d'un infinitif et d'un participe, à peu près comme les formes anglaises en -*ing* qui sont l'un et l'autre. Il ne peut non plus être ici question d'une différence de genre qu'il était tout à fait impossible d'indiquer dans des thèmes nominaux de cette espèce. Je suppose que ces noms à forme de racines ont été assez longtemps les seuls qu'ait connus le langage, et ce sont notamment les considérations suivantes qui m'y déterminent.

Nous avons déjà plus haut[2] rappelé ce fait que les mêmes thèmes pronominaux sont employés d'un côté à former la troi-

---

1. V. Schleicher. *Compendium*, § 215, page 371.
2. P. 61.

sième personne dans le verbe, de l'autre à caractériser des thèmes nominaux ; et comme les deux usages n'auraient pu s'établir dans le même temps sans compromettre la clarté, nous en avons conclu que le premier doit être tenu pour plus ancien que le second. Or une observation plus pénétrante donne encore, en ce qui concerne les suffixes nominaux, un nouveau résultat. On ne peut guère attribuer d'autre sens propre à un suffixe de formation, que le sens *indicatif*. Ces suffixes sont tous, sauf le petit nombre de ceux qui peuvent s'être formés de racines verbales dans des périodes plus tardives du langage, des pronoms qui n'ont d'autre valeur que cette propriété d'*indiquer*. Par le fait qu'on indique une chose, cette chose ne subit pour cela aucun changement. On ne peut donc dire à la rigueur que les suffixes de formation aient la propriété de donner à une racine l'empreinte définitive d'un nom. Mais plutôt la racine avait déjà par elle-même la fonction nominale, et l'adjonction d'un pronom n'a d'autre effet que de faire ressortir cette fonction. *Bhār, dā, gnā*, devaient être déjà des noms, avant que les pronoms *a, ta, man* s'y fussent ajoutés dans les thèmes *bhār-a* « fardeau, » (racine *bhar*, porter), *da-ta* « ce qui est donné. » *gnā-man* « action de reconnaître, nom. » Le pronom ainsi joint à la racine a quelque ressemblance avec un *article*. De même que ce dernier ne fait pas le substantif, mais le suppose, le suffixe pronominal suppose aussi le nom. Traduite dans la langue des anciens grammairiens cette théorie peut s'exprimer à peu près ainsi : toute la formation primaire des mots repose, non sur la Paragoge, mais sur le Paraschematisme [1] ; car le Paraschematisme est « *ea vocabulorum decli-» natio naturalis qua intellectus non mutatur.* » Mais s'il en est ainsi, le temps où les thèmes nominaux ont reçu une empreinte plus riche a dû être précédé d'un autre où la catégorie du nom, par opposition au verbe, s'était déjà gravée dans la conscience du langage, sans le secours de ces éléments indicatifs analogues à l'article. L'existence de noms sans suffixes est, à mon avis, un degré qui a dû précéder l'apparition des noms pourvus de suffixes. Il semble que le nom était d'abord désigné d'une façon purement négative, c'est-à-dire par le fait qu'il ne présentait pas, comme le verbe, des pronoms adjoints à la racine ; en sorte que c'est grâce à cette opposition seule que la différence entre le nom et le verbe commença à être perçue. La racine par elle-même n'était ni nominale ni verbale. Puis vint un temps où, combinée avec des

_______________

1. Comparez Lobeck, *Proleg. Pathol,* p. 5.

pronoms, elle était toujours verbale, et à l'état nu, toujours nominale. Enfin, c'est seulement une autre tendance du génie du langage qui plus tard donna naissance à une nouvelle union de la racine, maintenant devenue un nom, avec des suffixes doués de la propriété d'indiquer et d'individualiser. Nous avons aussi une preuve phonique qui vient à l'appui de notre chronologie. Une grande partie des suffixes les plus simples nous sont conservés en sanscrit sous une forme qui est vraisemblablement leur forme primitive, par exemple les suffixes *a, an, na, ma, ta, as, ra,* tandis que pas une seule désinence personnelle n'a échappé à l'affaiblissement. Or c'est d'ordinaire le bien le plus ancien du langage qui a subi aussi le plus d'altérations, et il est permis de conclure que les formes moins émoussées des suffixes sont plus récentes que celles plus fortement défigurées des désinences personnelles.

## IV. PÉRIODE DE LA FORMATION DES THÈMES.

L'état du langage, tel que nous l'avons conjecturé pour la période précédente, laissait subsister un certain défaut de symétrie entre le verbe et le nom, celui-là articulé en mots polysyllabiques par le moyen de désinences variées, celui-ci resté monosyllabique et non susceptible de modification. Il n'était guère possible qu'un pareil état subsistât longtemps. Cet instinct d'équilibre [1] qu'on observe jusque dans le système phonique du langage, doit à plus forte raison dominer le système des formes. Nous avons cru pouvoir affirmer que l'adjonction de suffixes s'était faite plus tard dans le sens attributif que dans le sens prédicatif. Mais il n'est pas possible de décider si, dès le temps où se multiplia la ramification des formes verbales, par exemple dès le temps du perfectionnement réalisé par la formation du moyen, il ne s'est pas produit déjà des rudiments de la seconde manière. Ici aussi le langage aura débuté par le moins complexe, par l'adjonction de simples voyelles, *a, i, u,* qui toutes existent comme thèmes pronominaux, et de là, faisant un pas de plus, il aura employé comme suffixes des syllabes telles que *an, as* [2], *ta, ma.* Comme il n'y a rien

<hr>

1. *Grundzüge der Griechischen Etymologie,* 2ᵉ éd., p. 378.
2. Sonne admet (*Zeitschrift,* XII, 342) que le suffixe *as* contient la racine *as* être. Si cette hypothèse était juste, ce qui d'ailleurs ne peut

dans le langage qui soit absolument dépourvu de sens, ces thèmes pronominaux avaient naturellement chacun leur signification propre, ils répondaient à diverses manières d'indiquer. Il s'agissait là de nuances délicates comme celles que les Allemands sentent entre *er* et *der*, entre *dies* et *das*. Si cette adjonction de suffixes dans le sens attributif avait pour effet général, ainsi que nous l'avons vu [1], de faire ressortir la signification nominale du thème, l'emploi de suffixes différents rendit immédiatement des distinctions possibles, mais des distinctions d'une nature très individuelle. Car on ne peut, comme nous l'avons vu, se représenter à l'origine de la formation thématique primaire une distinction de catégories pareilles à celles qui s'établirent par un perfectionnement des époques postérieures. Le même *a* (*o*), qui dans le sanscrit *aǵ-á-s* « celui qui pousse, » = ἀγός, désigne la personne qui agit, sert dans *bhár-a-s* « fardeau, » = φόρος «contribution, » à la désignation d'une chose sur laquelle l'action s'accomplit. Il y a plus : un seul et même mot se présente avec les deux sens : *aǵá-s* signifie « celui qui pousse » et « action de » pousser (au neutre), marche » (comparez *ag-men* = sct. *aǵ-man*); *bhára-s* aussi bien que φόρος signifie en composition « porteur. » De la même racine *ag* se développe, en sanscrit au moyen du suffixe *i*, en grec au moyen de -ων, l'idée de la lutte à la course, ou d'une joûte quelconque : *āǵ-i-s* = ἀγ-ών. A cela s'ajoutèrent encore deux moyens auxiliaires, la gradation phonique qui avait déjà fait son apparition dans la période antérieure, et l'accent. Ils rendirent possible une abondance bien plus grande encore de formes différentes. La tendance à la distinction trouva ici le plus riche aliment, mais il paraît difficile qu'on devine jamais les raisons particulières de la distinction réalisée dans chacun des cas. Le lien qui existe indubitablement entre la signification du mot et le suffixe de formation est très mystérieux. Nous sommes à peu près forcés d'admettre que dès une époque reculée les thèmes nominaux se multiplièrent avec une surabondance qui offre le contraste le plus frappant avec le nombre borné et la simplicité des flexions verbales. Il y eut ainsi une foule de synonymes qui ne se délimitèrent avec plus de précision les uns vis à vis des autres que par un usage prolongé. Souvent même cette délimitation n'eut lieu qu'après la séparation des langues : aussi

guère passer pour démontré, ce suffixe seul sortirait entièrement de l'analogie des autres suffixes primaires.

1. P. 70.

s'en faut-il beaucoup que les langues sœurs offrent ici une concordance aussi complète que dans la flexion. C'est également dans notre période que l'idée du genre grammatical doit s'être présentée à la conscience du langage; mais ce ne fut d'abord que celle d'une distinction entre le masculin et le féminin. Dans les mots sans suffixe il est impossible d'exprimer une distinction de genre. Mais avec les voyelles *a, i, u,* il s'établit une différence consistant à caractériser le féminin par l'allongement. Cette tendance d'ailleurs n'a produit son effet avec une entière conséquence que pour *a,* mais de telle façon que tous les suffixes terminés en *a* suivirent la même analogie. Elle doit aussi avoir affecté dans le même temps la plupart des thèmes pronominaux. Il y a encore dans cette circonstance un élément chronologique. Si la tendance à la distinction des genres avait été déjà éveillée avant que s'opérât dans les formes verbales l'adjonction prédicative de suffixes, nous devrions nous attendre à trouver dans celles-ci, comme dans le verbe sémitique, des différences de genre. Dans un temps où l'on distinguait déjà entre *ta* et *tā,* il était presque impossible qu'il en sortît un *ta,* plus tard *ti,* indifféremment masculin ou féminin. Le défaut complet de distinction du genre dans le verbe à désinence personnelle pourrait passer, avec la formation différente du pluriel[1], pour un des indices les plus clairs de la priorité des formes verbales sur les formes nominales développées. Quand les thèmes pronominaux simples eurent été employés comme suffixes attributifs, on avait encore la faculté de les combiner entre eux, et c'est ainsi qu'après *celui* et *lui,* on utilisa *celui là, lui là,* et après *ce* et *le, ce là, le là.* Ainsi se formèrent des suffixes dissyllabiques comme *an-a, ma-na, ta-va, ta-ra,* susceptibles d'être eux-mêmes diversifiés par des allongements, par une accentuation différente, et par la distinction du genre. Peut-être pourrions-nous admettre déjà pour cette période un nouveau mode de multiplication des formes, par l'accourcissement des suffixes composés. Si nous avons vu dès la période précédente les désinences verbales polysyllabiques et chargées de trop de matière s'alléger en s'affaiblissant et en s'émoussant, la même hypothèse pour les thèmes nominaux n'a rien que de très naturel. Deux des suffixes nominaux les plus usités, tous les deux certainement antérieurs à la séparation des langues, les suffixes *ant* et *tar,* ne peuvent qu'à cette condition s'expliquer par des thèmes pronominaux. Nous pouvons ramener *ant* à une forme

<hr>

1. P. 61.

plus ancienne *an-ta* dont le second élément aurait ensuite perdu son *a*, et *tar*[1] à *ta-ra*. Si cette explication est juste, et elle se recommande au moins par sa simplicité, elle renferme un nouvel élément chronologique d'une importance réelle. Dans un temps où les formes casuelles existaient déjà, on ne comprendrait guère cette chute de la voyelle finale. La terminaison casuelle forme un rempart qui préserve le thème de la déformation et de l'émoulement. Au nominatif tout au plus une abréviation de *bharanta-s* en *bharant-s*, de *dātara-s* en *dātar-s*, s'expliquerait encore au besoin par l'analogie de transformations semblables dans des périodes postérieures du langage. Mais aux autres cas il n'y a guère de communauté possible entre des formes comme *bharan-ta-sja* et *bharant-as* au génitif, comme *dātara-i* et *dātar-i* au locatif. Or la chose devient facile à comprendre dès qu'on admet une période où sans doute s'était déjà produite une formation variée de thèmes, mais où il n'y avait point en encore de formation de cas. Les thèmes *bharanta*, *dātara*, étaient, aussi longtemps qu'ils restèrent sans désinence, exposés à l'affaiblissement, absolument comme les formes verbales *bhar-ta* ou *ba-bhar-ta*, *dā-ta* ou *da-dā-ta*. Et de même que ces dernières se sont abrégées en *bhar-ti*, *bi-bhar-ti*, et là où il y avait préposition d'un augment, en *bhar-t*, *bi-bhar-t*, *dā-t*, dans ce temps aussi, mais seulement dans ce temps, la même chose pouvait facilement arriver aux thèmes nominaux. La perte qu'ils ont subie dans leur finale est la marque à laquelle nous pouvons reconnaître les anciennes limites du mot, de la même manière que sur les bords d'un lac dans les montagnes, l'ancien niveau des eaux se reconnaît encore à des traces manifestes, longtemps après qu'elles sont baissées. Le même principe pourra dès lors être appliqué aussi à d'autres formes, par exemple au simple *t* des formes comme le sct. -*ǵi-t*, gr. ἔ-,γνω-τ:, à *mant* qu'il faudra décomposer en *ma-na-ta*, au *k* des mots grecs comme φύλαξ, ou des mots latins comme *senex*. Bref, nous voyons se résoudre ainsi toute une série de questions relatives à la formation des mots, auxquelles sans cela nous ne pourrions répondre.

Mais les thèmes nominaux ainsi créés ont encore leur importance sur un autre domaine, celui de la formation verbale. Pour comprendre comment des thèmes nominaux remplissent la fonction de thèmes verbaux, et peuvent ainsi empiéter en quelque sorte sur le domaine des racines, nous devons songer que les

<hr>

1. Voyez Schleicher, *Compendium*, 2ᵉ éd., § 221, p. 442.

noms et les verbes, à ce degré de développement du langage,
étaient bien loin encore de se distinguer d'une manière tranchée
comme dans des périodes postérieures. Dans cet état du langage
que nous connaissons par des monuments, le nom est distingué
du verbe, non-seulement par sa forme, mais, à l'exception des
participes et de l'infinitif que nous pouvons appeler noms verbaux,
aussi par le cas qu'il gouverne. Le nom veut son complément au
génitif, et le verbe le plus souvent à l'accusatif[1]. Le nom
substantif est déterminé avec plus de précision par des adjectifs,
le verbe par des adverbes. Enfin le nom passe par une série de
formes casuelles qui sont absolument différentes des formes du
verbe. Il ne peut guère être question de toutes ces différences
dans un temps antérieur à la formation des cas. Les noms les
plus anciens, comme nous l'avons vu plus haut[2], ne se distinguent
nullement des thèmes verbaux. On dut ainsi s'habituer à considérer le nom comme n'étant en quelque sorte qu'un thème verbal,
sans signe du sujet. Il est dès lors facile de comprendre que par
analogie avec ces noms primitifs tels que *sad*, *bhar*, d'autres
noms portant une empreinte plus moderne comme *sada*, *bhara*,
et appartenant à une formation nominale spécifique, aient à leur
tour contracté une union prédicative avec les désinences personnelles, et soient ainsi devenus des verbes. Ainsi à côté des radi-
caux thématiques nominaux on eut les formes thématiques
verbales.

J'ai autrefois, d'accord avec une ancienne théorie, considéré
comme voyelle de liaison la voyelle qui distingue une forme
comme *bhar-a-ti* de *bhar-ti*, et *ed-i-t* de *es-t*. Ma principale
raison était que toutes les autres explications données jusqu'alors
de cette voyelle me semblaient inadmissibles, et qu'en général
on ne pouvait expliquer l'intercalation d'un son A dans le corps
d'une forme verbale qui pouvait également s'employer sans *a*.
Mais en approfondissant l'ensemble des formes indo-germaniques
j'ai changé d'avis. Voici quelques-unes des raisons essentielles
qui doivent, ce me semble, nous empêcher de voir dans cette
voyelle une intercalation purement phonique.

1° Nous voyons que dans d'autres formes verbales et nominales,
le langage n'évite nullement les groupes de consonnes qui résul-
teraient de la suppression des prétendues voyelles de liaison. Si

1. Dans le dialecte védique beaucoup de substantifs ont encore, par
analogie avec le verbe, un complément à l'accusatif.
2. P. 69.

l'on pouvait prononcer ἄγ-μα, ἄξι, ἄκτι, ἀκτό-ς, *ag-men, ac-tio*, pourquoi n'aurait-on pas pu dire aussi *ag-mi, ak-si, ak-ti?* L'insertion d'une voyelle de liaison, qu'on ne peut nier pour des périodes postérieures du langage, a la même cause que les nombreux affaiblissements et les chutes de lettres qui distinguent certaines formations plus récentes de formations plus anciennes. Cette cause est une diminution de la force d'articulation. Si donc nous n'admettons qu'avec une extrême prudence pour la période d'organisation tout ce qui peut s'appeler affaiblissement, il n'est tout d'abord pas vraisemblable qu'elle ait connu une voyelle de liaison.

2° La prétendue voyelle de liaison suit tout à fait l'analogie des voyelles finales de thèmes, particulièrement en ce qu'elle est, comme ces dernières, allongée à la première personne du singulier : *tudā-mi, bōdhā-mi* présentent cet allongement comme φη-μί, *ti-ṣṭhā-mi* = ἵ-στη-μι, *āpnō-mi* (comparez ζεύγνῡ-μι).

3° Au subjonctif de la conjugaison avec voyelle de liaison, cette voyelle est allongée; elle entre aussi dans la formation de l'optatif : sct. *ajā-ti* = ἄγη-τι, sct. *ajēt* = ἄγοι(τ). Elle est donc du nombre de ces éléments qui, dans des limites données, restent soudés ensemble et dont la combinaison reçoit le nom de thème. Il en est de même de l'infinitif grec ἀγ-έ-μεναι par opposition à ἐδ-μεναι, et du participe moyen ἀγ-ό-μενος.

4° Dans quelques cas on ne peut méconnaître dans cette voyelle une finale de thème, particulièrement dans la 4ᵉ classe ou classe en I. Sans doute, au point de vue spécial de la grammaire grecque, on peut diviser de cette façon : ἐδ-ί-ο-μεν. Il se peut aussi que les besoins de la grammaire grecque exigent un nom pour une voyelle dont la présence est, dans tant de verbes, devenue la règle. Mais le sanscrit *srid-jā-mas* montre que ce n'est proprement pas *i*, mais *ja* qui s'est ajouté au thème verbal, et par conséquent qu'ici du moins l'*o* n'est pas une voyelle de liaison. Il en est de même de formes comme le latin *si-sti-mus* qui est sur la même ligne que ἵ-στα-μες (pour σί-στα-μες); de même encore de la désinence *-sjā-mi* = σίω, latin *ero*, du futur, où la voyelle qui suit le *j* ou l'*i* est aussi, comme nous le verrons, une partie intégrante de la forme.

5° Mais il y a une dernière raison qui me paraît décisive. La prétendue voyelle de liaison est identique par le son à la voyelle du subjonctif dans la conjugaison sans voyelle de liaison.

*Bhar-a-ti* est un subjonctif relativement à *bhar-ti*, et un indicatif relativement à la première pers. du sing. *bhar-ā-mi.*

ἴ-σ-μεν : ἴ-μεν = δεικνύ-σ-μεν : δείκ-νυ-μεν. Il ne suit pas encore de là que les deux voyelles aient la même origine. Mais comme elles sont identiques au point de vue phonique, leur identité d'origine deviendra vraisemblable à un haut degré, dès qu'il sera prouvé que cette identité est *possible*. Or c'est ce que j'espère montrer.

Je reviendrai plus bas sur ce sujet. Pour le moment, nous avons à considérer ces formes verbales que nous croyons pouvoir nommer thématiques. Si nous regardons avec Schleicher[1] le son A dont il s'agit comme la voyelle finale du thème, nous obtenons le parallélisme le plus complet sous le rapport phonique, entre les thèmes verbaux comme *bhara*, *tuda*, d'où sortent les formes de présent *bharā-mi*, *tuda-ti*, et les thèmes nominaux *bhara*, *tuda*, d'où sortent les formes casuelles *bhara-s* « portant », (en composition), *tuda-m* (à l'acc.) « frappant », *tuda-s* (aussi comme nom propre); d'autre part, entre les formes avec syllabe radicale renforcée comme *bōdhā-mi*, « je sais », c.-à-d. *baudhā-mi*, et les formes nominales telles que *bōdha-s* « le savoir », *tōda-s* « celui qui frappe ». La gradation phonique est pour les formes verbales en question aussi peu indispensable que pour les formes nominales. Or toutes les fois que des formes sont identiques par le son, il y a d'abord une présomption en faveur de leur identité d'origine. L'identité a déjà été admise par Steinthal[2]. Il s'explique la substitution de thèmes nominaux comme *bhara*, *tuda*, aux racines *bhar*, *tud*, par un effort pour faire mieux ressortir la durée de l'action. Par opposition à *bhar-ti*, *tud-ti*, il porte, il frappe, *bhara-ti*, *tuda-ti*, auraient alors signifié « porteur lui », « frappeur lui », ou en d'autres termes « il est porteur », « il est frappeur ». Qu'on pense à des locutions telles que : *Seid Thæter des Worts und nicht Hærer allein*[3]. Et quelle différence entre *Er führt das Wort* et *Er ist Wortführer*[4]. On peut aussi comparer dans un certain sens les périphrases usitées en anglais, telles que *he is writing* à côté de *he writes*. Cette catégorie de l'action permanente ne s'était d'abord présentée à la conscience du langage que dans le nom : ici il en aurait été fait usage dans le verbe. Nous aurions donc là comme le prélude à un procédé beaucoup plus tardif du langage, consistant à dériver d'un nom un thème

---

1. *Compendium*, 2ᵉ éd., § 293, p. 763.
2. *Charakteristick*, p. 291.
3. « Soyez *acteurs* de la parole et non *écouteurs* seulement. »
4. « Il porte la parole, » et « il est porteur de la parole. »

de présent, exemple : μιμνή-σ-κω, à côté de μέμνηκα, latin *sona-re*
à côté de *son-ui*. Mais dans cette phase reculée, aucune désinence de dérivation, ou pour parler plus justement, aucun verbe
auxiliaire n'était nécessaire pour faire du thème nominal un
thème verbal. Ces formes verbales thématiques doivent donc
toujours être distinguées des formes proprement dénominatives.
Cette explication, je l'avoue, me séduit beaucoup, et elle me
semble jeter la lumière sur toute une série d'autres formations.
D'abord elle fait très bien comprendre pourquoi tant de thèmes
de présent sans élargissement comme *bharā-mi* = φέρω, *ağā-
mi* = ἄγω, etc., ont pourtant un sens de durée aussi bien que
les thèmes élargis. L'élément de la durée se trouvait déjà dans
la voyelle adjointe à la racine. Notre vue s'étend ensuite sur
d'autres modes de formation du présent où plusieurs savants ont
déjà cru reconnaître des thèmes nominaux. La syllabe *nu* = νυ
qui distingue le sanscrit *r-nu*, gr. ὄρ-νυ, de la racine *ar* ὄρ, et la
syllabe *na* (*nā*, *nī*), gr. να (νη), qui distingue *ju-nā* de la racine
*ju*, et le grec ζευγ-νυ de la racine ζευγ, sont regardées par Benfey [1]
comme identiques aux suffixes nominaux -*nu* et -*na*. Ainsi s'expliquent encore facilement d'autres élargissements du présent
renfermant une nasale, comme le sanscrit -*ana* [2] ou -*āna* [3] ré-
pondant aux formes grecques du présent en -ανω. Et en effet
Schleicher nous renvoie pour ces élargissements à des formes
nominales. Sur l'existence de thèmes nominaux tels que
*su-nu*, *svap-na*, dans le temps de l'unité, il ne peut
plus rester aucun doute après les preuves données en particulier par Schleicher [4]. Bien des points relatifs à cette question ont aussi été discutés par Kuhn [5]. Au contraire les analyses
de Benfey [6], d'après lesquelles des formes aussi antiques seraient
des mutilations de verbes avec la syllabe dérivative *ja*, produites
par des affaiblissements phoniques non motivés, n'ont pour moi
absolument rien de convaincant. Cependant je ne crois pas non
plus pouvoir soutenir plus longtemps la théorie que j'ai donnée
dans mon ouvrage intitulé *Tempora und Modi*. Je cherchais à y
expliquer tous les élargissements du présent qui renferment une
*n* par la nasalisation, c'est-à-dire par un effort pour donner au

1. *Allgemeine Monatsschrift*, 1851, p. 739.
2. Schleicher. *Compendium*, 2ᵉ éd., § 293, p. 770.
3. Bopp. *Vergleichende Grammatik*. § 495.
4. *Compendium*, 2ᵉ éd., §§ 222, 223 a, pp. 428, 431.
5. *Zeitschrift*, II, pp. 392 et suiv.
6. *Orient und Occident*, I, 423 ; III, 217.

thème une plénitude plus grande au moyen de l'insertion d'une nasale. Mais cette explication est évidemment insuffisante. Il est difficile de comprendre comment le langage aurait senti le besoin de renforcer une racine *ar* au moyen de *n*, et on s'explique encore moins l'addition purement phonique d'un *a*, et à plus forte raison celle d'un *u*. Cette opinion reposait sur l'hypothèse d'un usage très étendu des voyelles de liaison, et des voyelles auxiliaires, hypothèse qui, par les raisons que je viens de développer, me paraît maintenant inadmissible, surtout pour une période aussi reculée de la vie du langage. Nous pouvons nous dispenser de discuter ici les limites, d'ailleurs beaucoup plus étroites, dans lesquelles la nasalisation peut néanmoins revendiquer ses droits, par exemple dans le sanscrit *lumpāmi* de la racine *lup*, lat. *rumpo* de la racine *rup*. En effet il nous suffit de montrer ici que vraisemblablement un bon nombre de thèmes verbaux et de thèmes nominaux sont identiques.

Il est du reste au moins un changement phonique auquel les thèmes nominaux ainsi employés immédiatement comme thèmes verbaux durent se soumettre. Je veux parler de cette variation de la voyelle finale du thème, allongée dans quelques formes, et brève dans les autres. De même qu'on disait *dā-mi*, plur. *da-tha(s)*, *dadā-mi dada-tha(s)*, on a dit *tudā-mi tuda-thas*, *ar-nau-mi arnu-mas*. Cependant dans ces thèmes verbaux dissyllabiques l'usage de la longue est limité à un nombre de formes plus restreint. Ainsi on dit *tuda-si* en regard de *dadā-si*. Cette modification, d'ailleurs assez légère, du thème, dans son union avec les désinences personnelles, semble bien avoir appartenu à la formation verbale la plus ancienne. En ce qui concerne la signification, l'idée la plus naturelle est, ainsi que nous l'avons vu, de concevoir le thème nominal devenu thème verbal comme un nom d'agent; mais il y aura eu là quelquefois de petites différences. Il n'est pas impossible en effet que peu à peu d'autres combinaisons se soient formées, et que le verbe ait exprimé aussi quelquefois l'occupation à l'action désignée par le nom ou quelque chose d'analogue.

Si maintenant, en prenant pour base les conjectures qui viennent d'être discutées, nous jetons un coup-d'œil sur ce que le langage possédait de formes verbales, d'une fonction essentiellement pareille, nous constatons une assez grande abondance. Dès la période précédente le langage avait déjà mis à profit la différence du thème redoublé et du thème non redoublé, pour distinguer l'action plus marquée de l'action simple. A cela nous

voyons s'ajouter maintenant quatre nouveaux moyens de formation plus pleine, savoir : l'emploi d'un thème en A avec ou sans
gradation de la voyelle radicale, l'emploi d'un thème en *nu* et
celui d'un thème en *na*. Si nous imaginons toutes ces formes réa-
lisées pour une seule et même racine [1], par exemple pour la
racine *lip*, on a pour la 3ᵉ pers. sing. les formes suivantes :

*lip-ti      li-lip-ti*
*lipa-ti              laipa-ti*
*lip-nau-ti*
*lip-nā-ti.*

Relativement à la première forme, les cinq autres sont toutes
renforcées. Par une conséquence nécessaire de cette opposition,
le langage devait en venir à raffiner sur la différence entre le
thème pur et le thème renforcé. On apprit alors à ramener à une
unité générique ce qui à l'origine avait eu plutôt pour cause une
tendance à faire ressortir dans tel ou tel cas particulier l'idée marquée par la racine. La forme la plus courte était la mieux appropriée
à désigner l'acte isolé qui, comme un point, n'a pas d'étendue :
toutes les autres au contraire, par opposition à la première,
eurent ensemble pour fonction d'exprimer l'action conçue dans
son étendue, l'action qui dure. Ainsi s'établit cette dualité de
thème, cette différence entre le thème verbal pur d'une part, et
le thème du présent de l'autre, sur laquelle repose toute la structure du verbe indo-germanique. Nous n'avons pas à poursuivre
la ramification ultérieure et l'achèvement des différentes formes;
il y eut là, surtout dans les formes redoublées, une grande diversité. Sur ces rapports des thèmes de temps la science a déjà pu
jeter un certain jour. C'est aussi, à mon avis, du même fonds que
sortit la première différence de mode. Et sur ce point nous devons nécessairement, comme notre manière de voir est nouvelle,
préciser un peu davantage.

Il s'agit d'abord du subjonctif. L'explication que j'avais autrefois acceptée, d'accord en cela avec Guillaume de Humboldt, et
qui consiste à considérer les voyelles longues du subjonctif

---

1. Cela ne se rencontre pas en réalité. La racine sanscrite *lip* n'a
d'autre forme de présent que *limpa-ti*. Cependant il n'est pas rare de
trouver en sanscrit pour d'autres verbes, deux et même trois formations
différentes du présent, l'une à côté de l'autre, exemple : racine *ar* (r)
3ᵉ sing. pr. ind. *ij-ar-ti* (redoublé) *r-nô-ti* (pour *ar-nau-ti*), *r-nâ-ti* (pour *ar-
nâ-ti*); racine *bhar bhar-ti, bi-bhar-ti, bhar-a-ti*. Il nous sera donc permis
pour plus de clarté de présenter aux yeux les cinq formes en les tirant
d'une seule racine.

comme le symbole d'une affirmation qui hésite, et par suite d'une
affirmation conditionnelle, est, je le reconnais maintenant, insou-
tenable. D'abord en effet nous ne pouvons en aucune façon
placer l'affirmation conditionnelle en tête des différents usages
du subjonctif. Ce mode ne sert à l'expression d'une condition que
dans les propositions subordonnées. Or incontestablement l'usage
des modes s'est développé d'abord dans les propositions indépendantes, qui ont été longtemps les seules possibles. Ce serait donc
une faute chronologique que de partir des autres. Dans les propositions indépendantes, le subjonctif, selon le témoignage irré-
cusable de la langue grecque, exprime essentiellement une
exhortation : ἄγωμεν s'oppose ainsi à ἄγομεν, φέρωμεν à φέρομεν.
Or on ne voit pas comment une exhortation pourrait sortir d'une
affirmation qui hésite. En outre l'ensemble de l'explication,
même envisagée sous le rapport des formes, ne convient qu'au
subjonctif de la conjugaison avec voyelle de liaison, ou comme
nous préférons dire maintenant, avec voyelle thématique. Il
n'était pas inadmissible en soi que dans une forme comme ἄγωμεν
la tendance du langage allàt à rendre l'affirmation moins décidée.
Mais que le langage pour exprimer une hésitation, sens qui d'ailleurs, comme nous le verrons, ne répond pas du tout à l'usage,
que le langage, dis-je, se soit créé lui-même un obstacle sous la
forme d'un son A, comme il faudrait l'admettre si ἴ-ε-μεν s'était
ainsi formé de ἴ-μεν, c'est là une hypothèse qui n'est guère rece-
vable. Au contraire l'hypothèse de Steinthal mène à une solution, plus satisfaisante à mon avis, de ce problème. L'action qui
dure et l'action qu'on provoque ont bien des caractères communs,
et avant tout, celui d'être opposées à l'exécution rapide. Aucun
emploi des formes exprimant la durée n'est plus connu que celui
dans lequel elles désignent l'effort. « Il a le projet de porter » et
« Qu'il porte » sont des idées voisines. En outre, aussi bien que
l'action qui dure, l'action provoquée peut s'exprimer par l'adjonction des désinences personnelles à un nom d'agent : *bhara-ti*
« il (est) porteur », opposé à *bhar-ti* « porter lui », peut, par
une extension de sens, signifier aussi bien « il est appelé à porter, qu'il porte », que ces autres idées « il s'occupe de porter, il
est en train de porter, il cherche à porter. » Le subjonctif, dans
plusieurs de ses acceptions les plus primitives, est, comme le
montre la langue des Védas et celle des poèmes homériques,
assez voisin du futur : οὐκ ἔσσεται οὐδὲ γένηται, οὔπω ἴδον οὐδὲ ἴδωμαι.
Et dans une période beaucoup plus avancée, le futur peut, entre
autres moyens de formation, s'exprimer au moyen d'un nom

d'agent : sct. *dātā* « donneur », c.-à-d. il donnera, *daturu-s est*. C'est ainsi que peut se justifier, au point de vue de l'idée, l'hypothèse qui donne pour origine au subjonctif une forme de présent exprimant la durée. En ce qui concerne la forme, il reste, je l'avoue, à première vue bien des difficultés; mais je ne les crois pas insurmontables.

Voici une première objection qu'on pourra faire. Si les formes qui expriment la durée étaient propres par elles-mêmes à exprimer en même temps l'idée du subjonctif, il est surprenant que la même forme soit employée exclusivement, selon les différents verbes, tantôt dans l'un, tantôt dans l'autre de ces sens. Pourquoi le sanscrit *vaha-ti* = lat. *vehit* est-il un indicatif, tandis que *hana-ti* (qu'il frappe), formé de la même manière, est un subjonctif? On peut répondre : pour la même raison qui a fait du grec νέμε-τε un impératif présent, et de τέμε-τε un impératif aoriste, de δίδο-ται un présent, et de δίδο-ται un parfait. La signification des différentes formes ne peut jamais s'expliquer uniquement par les éléments que l'analyse y révèle. Il faut partout tenir compte d'un second facteur, l'analogie, ou en d'autres termes, de la place que prend chaque forme relativement à d'autres. En ce sens on ne peut jamais parler que d'une aptitude relative de certaines formes à prendre certaines significations. Dans les cas où la forme la plus courte, sans aucun renforcement, était conservée pour l'indicatif présent, la forme thématique acquit peu à peu, et par opposition avec elle, une signification modale, parce qu'il n'y avait plus de nuance de temps à exprimer. C'est ainsi que *hana-ti* devint le subjonctif de *han-ti*. Ici s'établit la différence qui fut le principe de l'usage du mode. Dans d'autres verbes au contraire la forme la plus courte périt, et cela sans doute non par un simple effet du hasard, mais parce que le sens des racines exigeait des formes plus fortes, ou parce que la combinaison phonique était trop dure. Ainsi la forme plus pleine se fixa comme présent de l'indicatif.

Une seconde objection pourrait se formuler à peu près ainsi. Si la catégorie de l'action qui dure renfermait celle de l'action à laquelle on tend avec effort, de l'action provoquée, on devrait s'attendre à voir tous les renforcements du présent employés à l'occasion pour désigner le subjonctif. Pourquoi donc avons-nous bien, il est vrai, *lipa-ti*, mais non *li-lip-ti*, *lip-nā-ti* comme subjonctif de *lip-ti*? Pour trouver une réponse à cette objection, nous devons nous rappeler que les différents élargissements du présent concourent bien il est vrai à un même objet, l'expression de l'action qui dure, opposée à l'action momentanée, mais que pourtant ils n'avaient pas une signification complètement identique. On ne peut s'expliquer autrement que plusieurs thèmes de présent aient été usités à la fois pour une même racine. En raison des nuances particulières que l'action qui dure admettait dans les différentes formations du présent, l'une pouvait se trouver moins éloignée que les autres d'un usage modal. Vraisemblablement la forme redoublée était la moins propre à cet usage, car l'idée qui s'y attachait au début paraît bien avoir été celle d'une action plus intensive. Or l'acception intensive forme en quelque sorte, dans le domaine de l'action qui dure, le pôle opposé à celle qui implique l'idée d'effort, et c'est seulement par cette dernière que nous avons cru pouvoir expliquer l'usage du subjonctif. Les formations de présent où entrent les syllabes *-na* et *-nu* sont peut-être d'origine plus récente. Quand la catégorie du subjonctif se fût développée en partant des formations avec un simple son A, ce mode se trouva pourvu, pour ainsi dire. Les nouvelles formations caractérisèrent l'action qui dure dans un sens un peu différent et ne suivirent pas les premières dans toutes leurs modifications. Ne voyons-nous pas d'ailleurs comment d'une série de formations essentiellement similaires l'usage en tire une qu'il prend à part, pour ainsi dire, et développe en lui donnant une fonction particulière? Nous reviendrons là-dessus, particulièrement à propos de l'origine des désinences casuelles.

Une troisième objection paraît au premier abord devoir éveiller plus de doutes. Comment s'expliqueront les formes qui ont une voyelle longue? Comment les vues qui viennent d'être exposées permettent-elles de concevoir le rapport de *bharā-ti* = φέρη-σι à *bhara-ti* = φέρε-τι, φέρει? Nous ne croyons pas pouvoir considérer ce son A comme étant par son origine une voyelle de liaison. Mais cela ne nous interdit pas de croire qu'une commodité phonique ait contribué à étendre démesurément l'usage de cette voyelle, d'abord significative. Cette raison phonique dut surtout faire sentir très vivement son influence devant les terminaisons du prétérit, où il était bien difficile de prononcer des formes comme *a-lip-m*, *a-lip-s*, *a-lip-t*. Mais au présent aussi, la difficulté de prononcer certains groupes de consonnes aura, dès qu'il exista des doubles formes comme *lip-ti* et *lipa-ti*, *tud-ti* et *tuda-ti*, contribué d'une façon décisive à faire préférer la seconde forme, et à faire reculer la première à l'arrière-plan. Ces anciens subjonctifs tels que *hana-ti*, ἴε-μεν, opposés à *han-ti*, ἴ-μεν, éveillèrent alors une tendance à un nouveau mode de for-

mation. Ici encore le langage ne pouvait oublier ce qu'il avait
une fois appris, il ne pouvait s'affranchir d'un besoin qui s'était
une fois éveillé en lui. L'essence du subjonctif semblait consister
dans une intercalation entre le thème et la désinence. On forma
alors *bharā-ti* en regard de *bhara-ti* d'après une rigoureuse
analogie avec *hana-ti* opposé à *han-ti*. Mais par là la formation
des modes se détacha complètement de celle des temps. Le redoublement, le renforcement interne et l'addition de syllabes na-
sales restèrent réservés à la dernière, et l'allongement se fixa
comme signe du subjonctif. Une preuve de la prédilection que le
mode de l'action provoquée montra encore, dans une période plus
tardive du langage, pour l'allongement, soit du thème, soit de la
désinence personnelle, se rencontre d'une part en grec dans les
formes comme δώς-μεν, στής-μεν, δώω-σι, de l'autre en sanscrit
dans l'allongement des diphthongues aux terminaisons personnelles du moyen, par ex : *jajā-tāi* à côté de *jajā-tē* [1].

Comme une partie des formes plus pesantes primitivement
créées pour l'expression de l'action qui dure se séparait ainsi pour
servir à un objet particulier, il dut se développer entre celles qui
restaient un rapport différent à plus d'un point de vue. Chaque
forme d'indicatif appelait maintenant son subjonctif :

*lip-ti lipa-ti, lipa-ti lipā-ti,*

*lilip-ti lilipa-ti, laipa-ti laipā-ti,* etc.

De cette manière se réalisa une nouvelle espèce de formation du
présent. La différence entre *lipa-ti* et *laipa-ti* ne semble pas avoir
servi à l'origine à désigner une différence de temps. Une forme
telle que *tuda-ti* est un présent aussi bien que *bōdha-ti*, c.-à-d.
*baudha-ti*, gr. ἄγει d'une part, et τήκει (rac. τακ, α bref) de l'autre. *Lipa-ti* et *laipa-ti* étaient donc dans le principe des formes
coordonnées. Le langage pouvait se décider pour l'une ou l'autre
forme, peut-être selon que l'action devait être exprimée d'une
manière plus ou moins énergique. Mais le subjonctif *lipā-ti*
s'introduisant à côté de *lipa-ti,* et *laipā-ti* à côté de *laipa-ti,*
de plus l'idée de l'action provoquée se développant pour ces
formes nouvelles, la tendance à la différentiation dut se ma-
nifester. Plus les thèmes en A se multipliaient, plus il devenait
important d'en tirer un système plus complet de formes aussi
bien pour l'action qui dure que pour l'action momentanée. Aux

---

1. De nombreux exemples en sont donnés par Kuhn (*Zeitschrift*, XV,
412 et suiv.); il émet il est vrai l'hypothèse que la diphthongue plus
pesante *āi* est dans toutes les terminaisons du moyen le son primitif.

formes qui gardaient la voyelle radicale pure *lipa-ti, lipā-ti,* s'attacha, dès qu'elles se trouvèrent opposées à des formes *laipa-ti, laipā-ti,* l'idée de l'action momentanée; aux formes qui présentaient la voyelle renforcée, s'attacha celle de l'action qui dure. Ne voit-on pas que la dernière forme était relativement plus lourde, et que la signification primitive de l'*a* bref de *lipa-ti* dut, là où il n'existait pas de forme *lip-ti,* s'effacer complètement? Ici encore nous sommes ramenés à cette observation que la signification d'une forme se détermine essentiellement par son rapport avec d'autres. Au présent de l'indicatif cette forme plus brève *lipa-ti* dut bientôt alors devenir superflue quand elle se trouvait à côté d'une forme *laipa-ti.* Car dans la simple énonciation de quelque chose de présent il ne peut réellement y avoir lieu d'exprimer l'action momentanée. Celui qui énonce quelque chose simplement pour le temps présent donne par cela même à l'action une certaine étendue. Ainsi la forme *lipa-ti,* quand il en existait à côté d'elle une comme *laipa-ti,* tomba peu à peu hors d'usage. Mais au subjonctif, *lipā-ti* et *laipā-ti* pouvaient très-bien se conserver l'un à côté de l'autre. L'action provoquée peut aussi bien être une action momentanée qu'une action qui dure; tout dépend de la manière de l'envisager. A l'impératif qui doit aussi s'être développé vers le même temps, un rapport semblable s'établit entre *lipa-tāt* et *laipa-tāt.* Cette différence devint plus importante encore au prétérit entre *a-lip-at* et *a-laip-at.* On s'explique assez bien ainsi qu'à côté des aoristes formés de la racine comme *a-bhū-t* = ἔ-φυ, *a-stā-t* (sct. *a-sthā-t*) = ἔ-στη, il y ait aussi des aoristes thématiques tels que ceux dont il a été parlé plus haut. Des formes comme le sanscrit *a-lipa-t, a-sada-t* « il s'assit », *a-vida-t* (gr. ἔ-Ϝιδε, εἶδε), sont proprement et de leur nature des imparfaits, et les formes de modes qui s'y rattachent sont des formes de présent, mais qui par suite de l'apparition d'autres formes de présent encore plus fortes, et de la disparition d'indicatifs comme *lipā-mi, sadā-mi, vidā-mi,* se sont déplacées et sont devenues des formes d'aoriste. La langue grecque a, pour le subjonctif, conservé le rapport primitif beaucoup plus fidèlement que le sanscrit et le zend, en ce sens qu'elle donne partout à ce mode les désinences personnelles primaires. Dans les deux autres langues il y a ici une hésitation de nature à inspirer l'idée qu'il y aurait eu effectivement un subjonctif de l'imparfait et de l'aoriste. En réalité il n'y a jamais qu'un mode de l'action qui dure, que nous nommons un mode du présent, et un autre de l'action momentanée que nous nommons un mode de l'aoriste. Il ne peut être question d'une chute de l'augment dans un pareil mode, puisque l'augment, comme signe du prétérit, est incompatible avec la formation des modes.

Nous avions entrepris de rechercher s'il était possible de considérer la voyelle du subjonctif, identique par le son à la voyelle thématique, comme lui étant aussi identique par l'idée. Je crois avoir démontré cette possibilité. Et comme c'est un principe de la science du langage, de tenir pour identique ce qui dans le domaine d'une langue est semblable par le son et peut l'être par l'idée, je suis tout à fait d'avis que les deux voyelles remontent à la même origine. Or comme nous avons eu de bonnes raisons d'admettre que ce son A a servi plus tôt à la formation des temps qu'à celle des modes, il résulterait de là cette observation non sans importance, que la formation des modes (nous faisons quant à présent abstraction de l'impératif), est sortie seulement par un développement graduel de la formation des temps.

## V. PÉRIODE DES FORMES COMPOSÉES.

Nous avons déjà au début de ce travail signalé la double formation de l'aoriste comme un des faits qui prouvent le plus clairement que le système des formes verbales s'est produit par couches. Il est depuis longtemps universellement reconnu que les aoristes de formation plus récente et renfermant un σ sont le résultat d'une composition [1]. C'est ici que l'élément chronologique est le plus palpable. La composition consiste dans l'union d'un thème significatif avec un *verbe auxiliaire*. Mais nul verbe auxiliaire ne peut avoir eu cette fonction dès l'origine. Le verbe auxiliaire est au verbe indépendant à peu près ce que l'article est au pronom. L'article est pour ainsi dire un pronom effacé, le verbe auxiliaire est un verbe à signification indépendante également effacé. Que de temps il a fallu sans doute pour que le langage en vint à posséder un verbe substantif, c'est-à-dire pour que la signification primitive et matérielle de la racine

---

1. La tentative paradoxale d'Ascoli (*Studj Ario-Semitici*, p. 26) pour extraire aussi de l'élément *diks* d'une forme comme *a-diksa-t* un nom d'agent, rencontrera sans doute peu d'adhésion. Les aoristes sanscrits en *-si-sa-m* montrent jusqu'à l'évidence qu'il y a ici composition.

*as* (vraisemblablement [1] celle de respirer), se fût complétement
volatilisée et laissât percer l'idée pure de l'existence! Il faut
nécessairement admettre un long usage verbal de la racine dans
des périodes antérieures. Et il y avait encore bien du chemin à
faire pour passer de cette signification purement abstraite d'*être*
à l'habitude d'employer le verbe être comme simple copule. Le langage ignorait primitivement le besoin d'exprimer l'union du sujet
avec le prédicat autrement que par la simple juxtaposition. C'est ce
que prouvent les formes verbales comme *ad-mi*, et aussi celles
comme *bhara-ti*, *laipa-ti*. Mais comme ensuite il se produisit de
nombreuses formes nominales, caractérisées par des suffixes très
divers, et où devait peu à peu apparaître aussi une différence entre
le substantif et l'adjectif, la distinction de l'attribut et du prédicat
put devenir souhaitable pour la formation de la phrase [2]. La juxtaposition fut conservée pour l'expression de la liaison attributive
et la liaison prédicative fut exprimée par l'addition du verbe marquant l'existence qui devint ainsi copule. Or un semblable usage
de la racine *as* doit à son tour avoir existé longtemps déjà avant
l'apparition des formes verbales composées. Car la composition
suppose toujours un laps de temps assez long, pendant lequel les
parties actuellement réunies ont existé l'une à côté de l'autre dans
un usage tout à fait courant. Dès lors, quelle perspective s'ouvre
devant nous, si nous remontons dans la vie du langage en partant de ces formes d'aoriste qui, comme *a-dik-sa-t* = Ἐ-δειχ-σε
embrassent précisément toutes ces phases! *a-dik-sa-t*, est à une
forme telle que *a-dā-t*, à peu près comme *tum dicens erat* à
*tum dicens*. Si donc nous admettons que dès la période précédente, l'usage du verbe substantif et aussi, comme nous le verrons, d'un autre verbe auxiliaire, soit devenu assez fréquent,
nous verrons, dans celle-ci, par la combinaison de thèmes divers
avec ces verbes auxiliaires, apparaître un élément de formation
tout nouveau et très fécond qui apporta au système verbal un
complément important. Mais ici, et c'est l'indice d'une période
plus avancée, nous pouvons déjà distinguer chacun des degrés
avec beaucoup plus de sûreté, et obtenir des éléments chronologiques aussi bien en remontant qu'en descendant. Les formes verbales composées peuvent se partager en deux classes essentiellement distinctes : 1° celles qui renferment des thèmes nominaux

1. *Grundzüge*, p. 337.
2. Dans ces mots : *le grand roi*, *grand* est (selon la terminologie allemande) attribut; dans *le roi est grand*, *grand* est prédicat. — N. du tr.

sans élément de formation unis à des verbes auxiliaires, comme *a-dik-sa-t* qui vient du nom à forme de racine *dik;* 2° celles où un thème nominal déjà formé, c'est-à-dire pourvu d'un suffixe, comme *kâma* (amour), devient la base d'une forme verbale comme *kâma-jâ-mi.* Au premier de ces degrés, le langage ne produit que des thèmes temporels isolés qui servent à compléter la conjugaison d'un verbe; au second la composition est plus inhérente au verbe, et elle s'étend à toute la conjugaison. C'est seulement de la seconde manière que se forme le verbe proprement dénominatif.

A.

THÈMES DE TEMPS COMPOSÉS OU N'ENTRENT QUE DES THÈMES<br>NOMINAUX SANS ÉLÉMENT DE FORMATION.

Qu'une forme comme *a-dik-sa-t* contienne un thème nominal, c'est là un fait évident en soi, toute phrase construite avec le verbe substantif devant nécessairement contenir un nom. Ce fait n'en est pas moins de la plus haute importance pour l'histoire du développement du langage. Il prouve que dans ce temps, moins ancien sans doute, mais encore bien antérieur à la séparation des langues, il existait des thèmes nominaux, et des thèmes non fléchis, sous cette forme primitive. Ainsi se trouve confirmée l'opinion par nous émise sur l'antiquité de ces thèmes nominaux à forme de racines; ainsi sont réfutées les hypothèses qui voudraient en faire des formes mutilées. Car personne ne pourra nous faire croire que dans *a-dik-sa-t* la syllabe *dik* soit aussi déjà une altération d'une forme plus pleine.

Bopp [1] dérive de la racine *ja,* aller, la syllabe *jâ* (*ja*), caractéristique de la 4e classe sanscrite, et des innombrables formations du même genre dans les langues sœurs. Cette manière de voir se recommande par la simplicité de l'explication qu'elle permet. Le verbe signifiant *aller* sert en différentes langues à former des périphrases, particulièrement en latin dans les locutions *venum ire, amatum iri.* Comme *aller* désigne un mouvement qui dure [2], ce verbe renferme par cela même un élément de durée

___

1. *Vergleichende Grammatik,* § 501. — Comparez *Tempora und Modi,* p. 88.

2. Sur les diverses modifications d'idées qui peuvent s'exprimer par

particulièrement approprié à la formation de thèmes de présent. De la même idée on passe facilement à celle de passivité : il semble donc plausible de ramener à la même source la caractéristique *ja* du passif sanscrit. Le zend offre aussi pour cela des analogies, et d'ailleurs on a depuis longtemps signalé le fait que beaucoup de verbes de la quatrième classe sanscrite, qui est la classe correspondante, ont une signification intransitive. Si cette explication est juste, et je ne sache pas qu'on ait rien apporté pour la réfuter, nous devons supposer, ici aussi, que le langage avant de passer à la composition de la racine *ja* avec des thèmes placés devant elle, se servait souvent d'une périphrase où entrait la racine *ja*, par exemple : *kup ja, svid ja.* La manière la plus naturelle de concevoir ici le premier mot est d'y voir un nom d'action, *bouillonnement, transpiration,* sans que pourtant toute autre combinaison soit pour cela exclue, comme le prouve ἀγγέλλω, c.-à-d. ἀγγελ(ε)-ω, *messager aller,* c.-à-d. aller comme messager. Dans cette composition comme dans toute autre, il y a quelque chose d'indéterminé et d'équivoque. Mais c'est précisément cette indétermination qui a permis d'en faire un emploi varié; c'est grâce à elle aussi que les éléments ainsi ajoutés ont pu perdre leur signification matérielle primitive pour devenir de pures syllabes formelles. Toute différence s'effaça ainsi peu à peu entre la syllabe ajoutée *ja* et d'autres additions, soit purement phoniques, soit thématiques. Cette syllabe devint un de ces élargissements du présent qui servent tous au même objet, c'est-à-dire à désigner l'action qui dure.

Comme le système des formes exprimant la durée a été complété au moyen des formes où entre la racine *ja*, celui des formes tirées de la racine même et servant à l'expression de l'action momentanée, a été complété, et c'est là un fait universellement reconnu, au moyen d'une composition avec la racine *as.* On s'étonne à première vue de voir incomber une telle fonction à une racine dont le sens implique à un si haut degré la durée. Car Être, c'est bien proprement, à ce qu'il semble, persister dans quelque chose. On pourrait aussi s'attendre à trouver la racine *as* dans des formes de présent comme le latin *possum,* plutôt que dans des formes d'aoriste. Mais cependant il y a une manière de concevoir l'idée d'Être qui a quelque chose de con-

---

le verbe *aller,* comparez Guillaume de Humboldt. *Ueber die Verschiedenheit des menschlichen Sprachbaues,* p. 257.

forme au sens de l'aoriste : c'est celle d'après laquelle l'Être est
opposé au Devenir, le résultat obtenu aux différentes phases
qu'il faut parcourir pour l'atteindre. Et c'est par rapport au
passé que cette conception s'introduira le plus facilement. Il a
donc pu se former d'abord une périphrase avec le prétérit de *as*,
et c'est par cet intermédiaire que se sont produites peu à peu des
formes comme *a-dik-sa-m* = ἐ-δείξα. Comme la distinction
entre l'action aoristique et l'action qui dure avait fait son apparition dans le langage dès la période précédente, ces formes composées avec la racine *as* se glissèrent tout naturellement dans le
système du verbe et s'y placèrent parallélement aux formes
simples d'aoriste. Nous n'avons pas ici à poursuivre ce sujet, ni
à étudier les différents modes de formation de ces aoristes composés. Qu'il me soit permis d'indiquer seulement un élément
chronologique. L'une des formations d'aoriste de ce genre, celle
précisément qui a prévalu en grec, repose sur l'insertion de la
syllabe *sa*, accourcissement de *asa*. Personne ne tiendra l'*a*
final de cette syllabe pour différent de celui de *tuda, baudha*,
et autres thèmes dissyllabiques dont nous avons cru pouvoir
renvoyer l'apparition à la période précédente. On peut en conclure en toute sûreté l'existence d'un présent *asā-mi* en regard
de *as-mi*, d'un prétérit *āsa-t* en regard de *ās-t*, dans un temps
qui a précédé la création de la forme composée. Ainsi se trouve confirmée la priorité des formes thématiques sur les formes composées.

Si le système des temps se trouva ainsi complété et diversifié
d'une façon très notable, il se produisit aussi quelque chose
d'analogue pour les modes, qui n'avaient commencé à se distinguer que dans la période précédente. Comparons aux formes
du subjonctif de la racine *as*, celles de l'optatif, ou pour prendre
le nom sanscrit, du potentiel, dans la langue fondamentale indo-
germanique, telles que Schleicher [1] les induit des langues particulières :

3ᵉ sing.  subj. *as-a-t(i)*  Opt. *as-jā-t*

3ᵉ plur.  *as-a-nt(i)*  *as-ja-n(t)*

Faisons abstraction, d'une part, de la quantité de l'*a*, de l'autre,
des désinences qui d'ailleurs sont variables au subjonctif sanscrit,
l'optatif seul présentant toujours et avec conséquence les terminaisons secondaires ; nous observerons le même rapport qu'entre
un Ind. prés. de la forme thématique (1ʳᵉ classe en sanscrit)
et un autre, composé avec *-ja* (4ᵉ classe) :

<hr>

1. *Compendium*, 2ᵉ éd., §§ 289, 290, pp. 707, 712.

*as-a-nt(i) : as-ja-n(t) = bhar-a-nti : srid-ja-nti.*

Or si c'est avec raison qu'on a ramené la caractéristique *ja* de la 4° classe à la racine *ja* aller, il semble naturel de dériver de la même source le *ja* de l'optatif. Voici encore un autre rapprochement de nature à faire supposer que l'optatif n'est autre chose qu'un thème du présent élargi au moyen de *ja*. Déjà l'analogie extraordinaire de la terminaison du futur composé (*a*)*sjā-mi*, *sja-si*, *sja-ti*, et de l'optatif du verbe substantif (*a*)*sjā-m*, *sjā-s*, *sjā-t*, n'avait pas échappé à Bopp [1]. Or il est bien impossible de dériver ce *sjā-mi* de *sjā-m*. Ce serait le seul cas que je sache où le langage aurait regagné ce qu'il avait déjà perdu. (*a*)*sjā-mi* rentre plutôt, comme l'ont reconnu Benfey [2] et Schleicher [3], dans l'analogie des thèmes de présent formés au moyen de *ja*. (*a*)*s-jā-mi* signifiait donc d'après notre analyse qui concorde ici avec celle de Benfey « je vais être ». Or je regarde cet (*a*)*s-jā-mi* conservé dans la terminaison du futur (ex. *dā-sjā-mi* = dor. δω-σίω), et l'optatif resté usité à l'état de forme indépendante (*a*)*s-jā-m* = ε-ἴη-ν), comme identiques. Seulement les désinences primaires se sont changées en désinences secondaires. Le latin confirme encore cette manière de voir. L'identité du latin *ero* pour *esjo* avec ce (*a*)*sjāmi* est depuis longtemps reconnue et démontrée, tandis qu'à l'optatif (*a*)*sjām* répond la forme indépendante *siem*. Mais en composition avec le thème du parfait il n'y a aucune différence entre *rimus* (*dede-rimus*) comme 1ʳᵉ pers. pl. de *ero* et *rimus* comme 1ʳᵉ pers. plur. = *sīmus*, l'une au fut. ant., l'autre au parf. du subj. Toutes les deux, avec l'*i* d'abord long, puis bref, viennent de la même forme *esīmus* (pour *es-iē-mus*) = sct. *s-jā-ma*, gr. ε-ἴη-μεν, εἶ-μεν. Schleicher ne pousse pas plus loin la discussion de l'origine de la syllabe *ja*, quoique pour l'optatif [4] il indique le thème pronominal *ja*. Mais en fait il serait assez difficile de montrer comment l'idée de l'optatif et du potentiel a pu naître de l'intercalation d'un pronom démonstratif entre le thème et la désinence. C'est un de ces cas où il ne suffit pas d'analyser les formes sans égard à leur fonction. Bopp a songé [5] pour expliquer l'élément modal de l'optatif et du futur à la racine *i* « désirer » dont le sens convient en effet très bien ici. Mais cet *i* n'existe que dans

---


1. *Vergleichende Grammatik*, § 651.
2. *Kurze Sanskrit-Grammatik*, p. 186.
3. *Compendium*, § 298, p. 818.
4. *Compendium*, § 290, p. 712.
5. *Vergleichende Grammatik*, § 670.

les catalogues de racines, et c'est avec raison que Westergaard
et le dictionnaire de Saint-Pétersbourg l'identifient à la racine
*i* « aller ». Cette dernière en effet a quelquefois elle-même le sens de
« tendre vers quelque chose », de « faire effort », et elle forme plusieurs
racines secondaires qui comme *iš* (*ikh*), *jal*, ont exclusivement
ce sens plus moral. Or on ne peut méconnaitre la parenté de *i*
et de *ja*. L'explication de Bopp et notre conjecture reviennent
donc essentiellement au même. Il est vrai qu'il reste toujours
une double différence entre les présents composés de l'indicatif, comme *svid-jā-mi*, *svid-ja-si*, *svid-ja-ti*, et les
optatifs comme *bhū-jā-m*, *bhū-jā-s*, *bhū-jā-t*. L'indicatif a
un *a* bref, sauf aux premières personnes ; l'optatif a partout
un *ā* long, sauf à la 3ᵉ pers. du pluriel. Mais cette différence ne
peut suffire à motiver une séparation de ces formes, d'autant
plus que pour les thèmes de présent en *a*, le sanscrit offre à la
1ʳᵉ pers. du sing. un *a* bref au lieu de l'*ā* long, (*tudē-ja-m*), et
qu'à d'autres personnes l'*a* disparaît même complétement.
D'après l'observation faite plus haut [1], nous devons admettre
que pour cet *a* comme pour toutes les voyelles finales de racines,
c'est la quantité brève qui est primitive. Mais les aoristes formés
directement de la racine comme *a-sthā-m*, *a-sthā-s*, 2ᵒ pl.
*a-sthā-ta* = ἔ-στη-ν, ἔ-στη-ς, ἔ-στη-τε, présentent aussi la longue.
La quantité dans les formations de ce genre, est loin d'être cons-
tante, comme le montre ἔ-θε-τε en regard du sanscrit *a-dhā-ta*
et de ἔ-γνω-τε. En ce qui concerne les terminaisons personnelles
secondaires de l'optatif opposées aux terminaisons primaires de
l'indicatif, on peut douter que cette différence ait été fixée dès le
principe. C'est l'usage de signaler comme abusive la désinence
-μι des formes grecques telles que φέρο-ι-μι, opposées au sct.
*bharē-ja-m* et à la forme sporadique φέροιν. Mais cette manière
de voir souffre des difficultés. On ne peut croire à des formations
abusives de ce genre que lorsqu'elles s'expliquent par une analogie très étendue. Or cette justification nous fait ici complétement
défaut. Les Grecs emploient les désinences secondaires dans
toutes les autres formes de l'optatif. Ils observent avec une
rigoureuse conséquence dans toute la conjugaison, et au moyen
comme à l'actif, l'analogie de l'optatif et du prétérit. Cette analogie se retrouve même dans l'usage de l'optatif, notamment
dans les phrases composées. Il n'existe point de formes de
l'indicatif en μι qui aient pu avoir avec l'optatif une ressem-

---

1. P. 55.

blance particulière. Il n'y a d'ailleurs rien qui rattache
spécialement ces optatifs de la conjugaison en ω aux verbes
en μι. Cette exception unique de l'optatif adoptant les désinences primaires ne peut donc s'expliquer que si elle
remonte aux temps les plus reculés. Car lorsqu'une forme
s'écarte absolument de la règle générale, il faut toujours présumer plutôt qu'elle est l'application d'une règle plus ancienne.
C'est l'assimilation qui dans l'histoire du langage a prévalu de
plus en plus, et non la dissimilation. Je crois donc que cette
désinence μι de φέροιμι nous offre un dernier reste du temps où les
désinences personnelles primaires n'étaient pas encore trop pesantes pour l'optatif, et où par conséquent la concordance était
plus complète entre ce mode et l'indicatif présent composé avec
*ja*. De φερο-ι-μι il faudrait ainsi remonter à une forme *bhara-jā-
mi*. N'y a-t-il pas d'ailleurs d'autres exemples de formes verbales
grecques isolées qui ont conservé ce qui est le plus primitif, par
exemple la 2ᵉ pers. du sing. ἐσ-σί, la 3ᵉ pers. du subjonctif en -η-σι
dans Homère, le futur dorien ?

Si nos conclusions sont justes, la théorie de Benfey [1], que l'optatif est composé avec le *prétérit* de la racine *ja,* est sans fondement. Car l'unique signe du prétérit, l'augment, est complètement étranger à l'optatif, et l'emploi du prétérit serait aussi
difficile à expliquer sous le rapport du sens. Au contraire le fait
des désinences primaires s'émoussant pour devenir des désinences
secondaires est ordinaire, et n'a rien de surprenant. Ces compositions anciennes comportaient plusieurs sens. De l'idée d'aller,
on passait d'une part à celle de « méditer quelque chose » (aller
autour de), de l'autre à celle d' « arriver à » (tomber dans), enfin
à celle de « faire effort vers quelque chose ». Le premier sens se
fixa dans les formes de présent indiquant la durée, le second dans
les formes passives dont nous avons fait mention plus haut [2], le
troisième à l'optatif. Qu'on songe seulement au double emploi de
l'auxiliaire allemand *werden* au passif et au futur. Peut-être à
l'origine l'optatif se rencontrait-il comme remplaçant çà et là le
subjonctif, à peu près comme les thèmes de présent en *ja* existaient à côté des thèmes formés directement de la racine et de
ceux contenant un suffixe. Mais bientôt cette formation se détacha, et devint, comme l'usage spécifiquement sanscrit de la syllabe *ja* au passif, un besoin général. Les formes tirées directe-

ment de la racine et les formes thématiques eurent alors, non seulement un subjonctif, mais encore un optatif. On vit paraître des formes comme *bhara-jā-m(i)*, et même comme *scid-ja-jā-m(i)*. Du thème redoublé, des thèmes simples comme des thèmes composés de l'aoriste, se formèrent des optatifs, et ainsi la ressemblance avec la forme mère s'effaça complètement. Cela dut arriver grâce à une nuance de sens qui s'établit de bonne heure entre ce mode composé et le mode simple. Par l'habitude qui s'introduisit peu à peu de donner au plus récemment formé des deux modes les désinences personnelles secondaires, la séparation dut devenir plus complète encore. Quant à la connexion de ces faits avec l'emploi de l'optatif, nous pouvons nous dispenser d'en parler ici.

Nous avons cru tout à l'heure pouvoir tirer du futur des éclaircissements sur l'optatif. Maintenant nous pourrons au contraire faire servir notre conception de l'optatif à éclairer la formation du futur. Bopp, dans sa discussion du futur en *-sjāmi*, a fort appuyé, comme nous l'avons vu, sur la connexion de cette forme avec l'optatif, et cette connexion est importante, notamment pour le futur latin, les formes comme *ferēs, ferēt*, étant en réalité des optatifs qui ont pris le sens du futur. Je regardais donc autrefois[1] comme possible qu'un optatif avec les désinences secondaires fût la source de la formation du futur avec désinences primaires. Par suite de l'effort fait pour distinguer « le temps de l'avenir du mode de la possibilité », les désinences primaires se seraient réintroduites dans le premier. Mais il y a longtemps que je ne puis plus croire à une pareille formation rétrospective, comme on l'a bien nommée. Déjà ailleurs[2], j'ai préféré me ranger à l'avis de Schleicher, que le futur composé consiste dans le thème verbal combiné avec le futur de la racine *as*, ce dernier n'étant lui-même autre chose qu'une formation de présent à signification particulière. Mais puisque nous avons reconnu que l'optatif lui-même est proprement un indicatif présent composé, les deux manières de voir reviennent au même. Un futur comme *dā-sjā-mi* est composé de la racine *da* et de la forme de présent de la racine *as*, *as-jā-mi*. Cette forme de présent est d'ailleurs par elle-même susceptible d'être employée comme futur ou comme optatif, et elle a été en effet la source d'où est sorti le latin *ero = es-io* aussi bien que le sct. *sjā-m*, gr. ἐ(σ)-ιη-ν, lat. *(e)s-ie-m*. Le futur

---

1. *Tempora und Modi,* p. 317.
2. *Erläuterungen zu meiner Schulgrammatik,* p. 99.

se distingue de la plupart des formes de l'optatif par des désinences plus pleines. Nous pouvons bien tirer de là la conclusion chronologique que le futur composé s'est formé dans un temps où cet *as-jā-mi* conservait encore sans affaiblissement ses désinences personnelles.

La tendance à créer des temps composés doit être restée assez longtemps active. Le conditionnel et le précatif du sanscrit, l'aoriste passif du grec, les imparfaits et les parfaits composés du latin et tout ce qui s'y rapporte, enfin ce qu'on appelle le prétérit faible de l'allemand, en sont des preuves. Il n'est pas certain que toutes ces formations plus récentes n'aient réellement fait leur apparition qu'après la séparation des langues. On s'imaginerait très bien que les rudiments de toutes ces formations appartinssent déjà à ce temps reculé. Au contraire leur multiplication excessive et la détermination plus précise de leur usage sont évidemment de date beaucoup plus récente. Elles sont nées, au moins en partie, du besoin de remplacer des formations simples devenues trop incommodes. La coïncidence du prétérit faible de l'allemand et des prétérits grecs en -θε-ν est particulièrement instructive pour l'étude de ce sujet.

## B.

#### COMPOSITION AVEC DES THÈMES NOMINAUX FORMÉS.

Sur les verbes dérivés les vues des savants sont encore divergentes en bien des points, et ce ne peut être ici notre tâche d'entrer dans des questions de détail. Mais il me semble que, dans l'ordre d'idées que nous considérons ici, il peut à peine rester un doute sur l'origine de la classe la plus nombreuse de ces verbes, ceux qui en sanscrit se terminent à la 1re pers. sing. du présent en *-a-jā-mi*. Si nous comparons un verbe comme *kāma-jā-mi* ou *bhāra-jā-mi* = φορε-jω-μι à *svid-jā-mi*, nous avons exactement la même différence qu'entre la forme thématique *bharā-mi* et la forme primaire *as-mi*. Nous nous sommes expliqué cette différence en admettant que *bhara* était un thème nominal qui jouait le rôle de thème verbal. Nous proposerons ici la même explication. La première partie de *svid-jā-mi* est un thème nominal de la forme la plus primitive, phonétiquement identique à la racine. On comprend par là que ce genre de formation du présent puisse avoir aussi pour base des thèmes nominaux réellement usités, par ex. κηρύσσω, c.-à-d. κηρυκ-jω-μι. Au contraire la première partie de *bhāra-jā-mi* est le thème nominal *bhāra* = gr. φόρος formé au moyen de *a*. Qu'un pareil thème nominal ne soit pas réellement pour tous les verbes usité isolément, ce n'est pas là une objection. Comme un très grand nombre de noms primitifs avaient un suffixe terminé en A (qu'on se rappelle outre les suffixes *a* et *ū*, les suffixes *na, nū; ta, tū; ma, mū; tra, trū; ana, anū*), l'*a* se fixa pour ainsi dire, ainsi que je l'ai admis avec Schleicher[1] et Grassmann[2], comme désinence nominale générale, et cette espèce de formation dénominative l'emporta de beaucoup sur toutes les autres. En ce qui concerne la syllabe *ja*, nous pourrons, je pense, suivre la même méthode que dans la discussion des formes thématiques et de leur rapport avec le subjonctif. Si des formes semblables quant au son peuvent être aussi rapprochées au point de vue du sens, nous avons toutes les raisons de les tenir pour identiques. A ces dénominatifs s'attache, non pas exclusivement il est vrai, mais très fréquemment, surtout en sanscrit, le sens causatif, sens qui, je l'avoue, paraît fort éloigné de l'idée d'aller. Mais j'ai déjà signalé ailleurs[3] le grand nombre de verbes qui, d'un usage incontestablement intransitif, passent accidentellement et contre toute attente à l'usage causatif. On peut citer en particulier une racine qui comporte pleinement la comparaison, je veux parler de la racine βα, à la forme inchoative du présent βάσκω, ἐπιβάσκω, et de la racine στα, non-seulement à la forme redoublée ἵστη-μι, mais encore dans στήσω, ἔστησα. De plus on peut se demander si le sens causatif est réellement dû dans tous les cas à la syllabe *ja*. Un nom formé immédiatement de la racine a aussi souvent le sens actif que le sens passsif ou neutre. Ainsi de la racine sanscrite *naç* (pour *nak*) « disparaître », vient le substantif *nāça*, qui signifie non-seulement la disparition, la mort, mais aussi l'action d'anéantir. La signification transitive ou causale apparaît donc ici déjà dans le nom primitif, et si maintenant le causatif *nāça-jā-mi* qui en dérive signifie de préférence anéantir, détruire, la seule fonction qui reste proprement à la syllabe *ja* est, comme dans les verbes de la 4ᵉ classe, de désigner l'action de « s'occuper à quelque chose ». Peut-être *nāça-ja-ti* ne signifiait-il primitivement que « *il va anéantissement*, il s'occupe de l'anéantissement ». Comme à ce *nāça-ja-ti* le latin

1. *Compendium*, 2ᵉ éd., § 209, p. 353.
2. *Zeitschrift*, XI, 91.
3. *Erläuterungen*, 120, 137.

oppose *noc-e-t*, on voit qu'une signification exclusivement causale n'était pas dès l'origine inhérente à la première de ces formes. Ce serait en général un contre-sens que de supposer pour des périodes si reculées de la vie du langage une catégorie intellectuelle comme celle du causatif. De pareilles catégories ne se développent que peu à peu d'acceptions beaucoup plus indéterminées et plus ambiguës. Il est assez vraisemblable que l'usage rigoureusement causal ne s'est établi que dans une période où il y avait des formes casuelles. Car le sens causatif repose essentiellement sur l'union devenue familière au langage d'un verbe et d'un régime à l'accusatif. C'est seulement lorsque cette idée fit son apparition dans le langage, qu'une séparation rigoureuse du transitif et de l'intransitif, et par suite aussi du causatif et de l'immédiatif, devint possible. Or on ne peut guère douter, selon moi, que la période de formation des cas n'ait été postérieure à celle dont nous traitons ici.

Il y a encore une autre circonstance en faveur de l'identité de la syllabe *ja* s'ajoutant comme caractéristique de la 10ᵉ classe aux thèmes nominaux déjà tout formés, et de la syllabe *ja* qui s'unit immédiatement à la racine comme signe de la 4ᵉ classe. Il est évident que de sa nature, ce *ja* de la 10ᵉ classe n'appartient aussi qu'au thème du présent. A l'aoriste, le sanscrit n'a conservé dans les verbes causatifs que d'anciennes formes redoublées comme *a-ki-kar-a-t*, il fit faire, en regard du présent, *kāra-ja-ti*; le parfait est toujours formé par circonlocution; et il y a bien d'autres cas encore où la syllabe *aja* est, comme on dit, supprimée. Cela montre à mon avis que l'usage le plus ancien était de suivre, pour toutes les formes qui n'exprimaient pas la durée, un autre mode de formation. Des traces bien évidentes de ce mode de flexion nous sont aussi conservées dans les verbes grecs comme γελάω, aoriste ἔγελα, μιμνήσκω, parfait μέμνηκα, et dans les verbes latins comme *son-ui* à côté de *sonare*. De pareils verbes offrent la plus complète analogie avec les verbes indiens comme *kam*, aimer, qui tirait directement de la racine le parfait *ka-kam-ē*, et aussi le futur et l'aoriste, mais dont le présent *kāma-jā-mi* était formé par l'intermédiaire du thème nominal *kāma*. Plus tard, dans un temps où le sentiment de l'origine de la syllabe *ja* s'était effacé, et surtout à l'époque plus tardive encore où, comme en grec et en latin, la forme de ces verbes se fut, par suite de pertes phoniques et de contractions, essentiellement modifiée, le thème du présent fut, il est vrai, traité absolument comme thème verbal. Alors, à un thème déjà composé avec *ja* put s'ajouter encore un élément *as*, et même au futur (*Kōra-j-iš jū-mi*), *as* plus *ja*. Mais ce sont là des faits qui n'ont rien de surprenant et que confirment de nombreuses analogies. D'ailleurs, dans les verbes dénominatifs dont le thème renfermait des éléments de dérivation plus forts, comme π:-μα renfermant la syllabe -μα, il était difficile de revenir à la racine. En outre, grâce à la diversité des suffixes nominaux, il se produisit dans les verbes dérivés une foule de modifications spéciales de signification, qui durent rendre la distinction de plus en plus tranchée entre la racine et le thème verbal dérivé. Les verbes dérivés doivent précisément leur origine à l'effort fait pour rendre, si l'on peut ainsi parler, la fluidité de formes verbales aux nombreuses images et notions nouvelles nées de la formation nominale. Les germes ont pu exister déjà dans cette période; mais il est probable que la plupart n'ont fructifié que dans les suivantes.

Sous le rapport chronologique, il nous reste à la fin de ce chapitre à mentionner un point d'une importance décisive. La seconde couche de verbes composés doit aussi être antérieure aux formes casuelles. Aussitôt que la notion du cas se fut éveillée, et dès sa première apparition, une combinaison comme *nūka jū-mi*, *kāma jū-mi* devint impossible. Il fallut dès lors exprimer le rapport existant entre l'idée du nom et celle du verbe. La forme nominale dut indiquer que l'idée du nom était le contenu du verbe (sens intransitif), ou en était le but (sens transitif). Car tandis que l'emploi des suffixes de formation est toujours plutôt facultatif (*declinatio voluntaria*), la terminaison casuelle au contraire s'impose dans le nom comme la terminaison personnelle dans le verbe. Ainsi donc si *nūka* et *jūmi*, *kāma* et *jūmi*, avaient encore existé séparément l'un à côté de l'autre, ils auraient dû, conformément aux exigences du sens, se présenter sous la forme *nūkam jūmi*, *kāmam jūmi*. C'est ainsi qu'en sanscrit le parfait périphrastique de la dixième classe se compose d'un accusatif et d'un verbe auxiliaire : *Kōrajūm kakāra*, *babhūva* ou *āsa*. De même le latin unit par circonlocution à *ire*, *iri*, la forme d'accusatif *datum*. Il est vrai que les savants qui inclinent à conjecturer dans les formes données du langage toutes les mutilations, toutes les altérations phoniques imaginables, admettront probablement sans difficulté qu'ici aussi l'*m* de l'accusatif s'est perdue. Mais il ne serait peut-être pas très facile de trouver des analogies pour justifier cette hypothèse. Aussi n'en avons-nous pas besoin si nous faisons remonter l'origine de ces formes à un temps où cette *m* était encore inconnue. Mais quand les deux parties se furent une fois combinées en un tout inséparable, elles passèrent dans cet état à la période suivante, et servirent de type à une foule de combinaisons du même genre. Car telle est la loi du développement du langage : le produit d'une période antérieure fournit la base sur laquelle la suivante continue à édifier, quoique hors d'état de créer elle-même cette base, ou de la modifier essentiellement.

Quant aux compositions où entrent des thèmes nominaux sans suffixe, il est plus facile encore de montrer qu'elles excluent la formation casuelle. Un aoriste comme *a-dik-sa-t*, c.-à-d. « alors il était montrant », ne peut s'être formé que dans un temps où on ne distinguait pas le singulier du pluriel. Dès qu'on se fut habitué à désigner le pluriel dans le nom, la combinaison du pluriel (*a*)*san-t* avec le thème aurait exigé, dans ce dernier aussi, l'emploi d'un suffixe du pluriel, et on aurait eu quelque chose comme *a-dik-as-sant*, « alors ils étaient *montrants* ». Ainsi ces formes, interrogées sur leur propre origine, nous donnent, à mon avis, une réponse claire et sur laquelle il est impossible de se méprendre. En cela elles sont d'une importance décisive pour toute la chronologie de l'histoire du langage. Personne en effet ne peut mettre en doute la jeunesse relative de ces formes verbales, comparées aux formes thématiques et aux formes primaires. La marche du développement du langage se trouve donc ainsi, selon moi, démontrée dans son ensemble, et ce fait important nous est acquis, que la formation casuelle est postérieure aux couches verbales même les plus récentes, et par conséquent à l'achèvement de la structure entière du verbe.

Il pourrait sembler surprenant au premier coup-d'œil qu'un moyen, aussi indispensable selon nos idées que les formes casuelles et la distinction du singulier et du pluriel dans le nom, ait manqué au langage, dans un temps où il avait reçu déjà dans plus d'une direction des développements si variés. Mais nous voyons par les langues d'un organisme moins complet, comment on peut se passer de bien des moyens d'expression qui semblent indispensables tant qu'on reste au point de vue d'une culture postérieure et achevée, ou plutôt comment on peut les remplacer par d'autres, à la vérité beaucoup moins clairs. Qu'on songe seulement à la position des mots, à l'accentuation, à l'emploi des thèmes pronominaux semés entre les mots sous forme de particules, de ces particules que nous apprendrons bientôt à reconnaître pour les avant-coureurs de la formation casuelle. A cela s'ajoutait encore la formation déjà assez richement développée des thèmes nominaux. Enfin le langage disposait encore d'un autre moyen, essentiel à mon avis, la composition. Si les thèmes nominaux non fléchis s'unissaient à des thèmes pronominaux pour donner une grande variété de formations nominales nouvelles et caractéristiques, et à certains verbes pour donner des formes verbales composées, pourquoi se seraient-ils abstenus de s'unir entre eux? C'est une loi que les langues indo-germaniques ont observée, à quelques exceptions près, jusque dans les temps les plus récents, d'employer dans la composition des noms le thème nu, sans désinence casuelle. Au point de vue d'un état postérieur du langage, on ne peut s'expliquer des composés comme le sanscrit *nara-siṅha-s* « un lion parmi les hommes », comme le gr. λογο-γράφο-ς et le latin *locu-ple-s*. Pour une époque récente, les thèmes *nara*, λογο, *locu* ou *loco* sont des anachronismes. En effet, après l'achèvement complet de la flexion nominale, on perdit conscience de ce qu'était le thème : aussi ne rencontre-t-on chez les grammairiens grecs et latins aucune trace de cette notion. Les Hindous eux-mêmes ne l'ont certainement retrouvée que plus tard, par des procédés scientifiques, et leur pénétration ne fut pas médiocrement aidée par les composés tout particulièrement nombreux et variés du sanscrit. Les grammairiens grecs ont à peu près complètement négligé ces formations : ils auraient dû, à leur point de vue, conjecturer partout à l'intérieur des composés des formes casuelles émoussées. Mais la vérité est que nous voyons ici, pour ainsi dire à découvert, un état plus ancien du langage, où il ne connaissait pas encore les cas. On peut au moyen des composés, et sans le secours des langues parentes, faire nettement comprendre à tout écolier la notion du thème. Comment expliquer que tant de thèmes nominaux se soient ainsi conservés sans signe de cas, si l'on n'admet qu'il y avait eu avant la période casuelle de nombreux composés qui ont servi de type à toutes les formations postérieures du même genre. On a pu réaliser ainsi une foule de combinaisons diverses, présentant les sens les plus frappants, sans que la multiplicité des significations possibles empêchât les composés d'être pleinement intelligibles dans un cas donné. Il suffit pour s'en faire l'idée de jeter le regard le plus fugitif sur ce que nous trouvons de pareil dans les langues des Hindous, des Grecs, des Allemands et des Slaves. Que de désinences casuelles épargnent et remplacent des mots comme χρυσότοξος, ῥοδοδάκτυλος, ἠεροφοῖτις, γλαυκῶπις! Le second et le quatrième de ces composés nous apprennent aussi comment

on peut se passer de la désignation du nombre. Il faut se représenter de telles combinaisons comme d'un usage beaucoup plus
étendu, et par suite plus libre [1] pour cette période reculée, puisqu'elles remplacent alors jusqu'à un certain point cette libre
construction de la phrase qui devint ensuite la règle. Celui qui
plus tard au lieu d'une phrase forma un mot s'écarta de l'usage
journalier. Il arriva ainsi que les composés de deux thèmes nominaux, contrairement aux composés où entraient des particules,
firent dans la suite l'effet d'une appellation, d'un adjectif, et
furent pour cette raison, à part quelques mots qu'adopta l'usage
général, réservés à la langue poétique. Le lien de ces considérations avec nos recherches présentes, est qu'elles nous montrent
comment le langage pouvait, sans le secours des cas, satisfaire
aux besoins les plus impérieux.

## VI. PÉRIODE DE LA FORMATION DES CAS.

La formation des cas est bien ce qu'il y a de plus obscur dans
le système des formes indo-germaniques. Il existe pour la flexion
verbale toute une série d'analyses universellement reconnues, et
sur d'autres points nous trouvons au moins en présence plusieurs
opinions sérieusement discutées. Dans la déclinaison au contraire
il est beaucoup de formes qu'on n'a pas même encore essayé
d'expliquer, et les questions les plus générales ont seules jusqu'à
présent fait l'objet d'une discussion. Ce ne peut être non plus mon
dessein d'entrer ici bien avant dans cette question, la plus difficile de toutes, d'autant plus que j'ai eu l'occasion, il y a quelques
années [2], d'en présenter quelques points essentiels. Ici, où nous
n'avons à nous occuper que de la succession des formes, quelques
remarques suffiront, puisque nous avons déjà cherché à déterminer en général le temps où les cas se sont formés. D'abord les

---

1. Le remarquable mot πατροφονῆα (Odyssée α. 299, γ. 197, 307) peut servir comme exemple d'une composition antique : ἐπεὶ ἔκτανε πατροφονῆα
Αἴγισθον δολόμητιν, ὅ οἱ πατέρα κλυτὸν ἔκτα. C'est là certainement un mot
reçu par tradition d'une poésie plus ancienne, et qui n'a pas manqué
d'étonner Eustathe par le mode de sa composition, tout à fait excep-
tionnel en grec. Nommerait-on *Vatermœrder* en allemand, celui qui a
tué le père d'un autre?

2. *Verhandlungen der Meissner Philologen-Versammlung.* 1863, pp. 45 et
suiv.

cas se divisent, comme j'ai cherché à le montrer [1], en deux couches, dont la première embrasse le vocatif, le nominatif et l'accusatif. La parenté plus étroite de ces cas se reconnaît déjà à ce fait qu'au neutre ils se confondent entièrement, et leur distinction des autres cas, à ce qu'ils ne s'échangent jamais avec eux. En sanscrit l'ablatif singulier se confond souvent avec le génitif, et le locatif duel toujours avec le génitif du même nombre : le locatif des trois nombres se confond dans les langues classiques avec le datif. L'instrumental est remplacé en grec par le datif, et en latin par l'ablatif. Le datif et l'ablatif pluriel sont identiques en sanscrit comme en latin. Le datif et le génitif duel se confondent en grec. Mais on ne trouve aucune trace d'un rapport analogue entre l'accusatif et les autres cas obliques. Il nous est peut-être permis de conclure de là que l'accusatif avait déjà vis-à-vis du nominatif et du vocatif son usage propre et bien arrêté, avant la formation des autres cas.

S'il y a eu dans le langage une période où la *première* couche de cas était seule connue, c'est pour cette couche seule qu'il faut chercher les points de départ dans des créations plus anciennes. Le vocatif est un reste de la période sans flexions casuelles, surnageant encore dans la période suivante : il garde en effet le thème pur et sans modification, pour exprimer l'apostrophe. Sous ce rapport, il ressemble aux formes de thèmes nues que nous avons rencontrées dans les composés. Πρέσβυ, tant comme vocatif que comme première partie de πρεσβυγενής, est une de ces vénérables antiquités du langage que nous ne pouvons comprendre qu'en remontant à la période d'organisation. D'un autre côté la formation du nominatif et de l'accusatif se rattache à la formation des thèmes. Nous avons parlé plus haut [2] de la tendance du langage à caractériser les noms par une adjonction continuelle de nouveaux suffixes. C'est ainsi que nous avons cru devoir expliquer des formes comme celles en *an-a, ma-na, ta-ra, an-ta*. L'exubérance était telle dans cette création des formes, qu'on réunissait non-seulement deux, mais trois éléments pronominaux de ce genre, ou un plus grand nombre encore. C'est l'ancienne puissance de formation qui, en poursuivant son action, développa d'un thème comme *bhâra*, d'une part *bhâra-ma*, de l'autre *bhâra-sa* [3]. Le pas décisif dans la formation casuelle fut fait

<hr>

1. *Verhandlungen der Meissner Philologen-Versammlung.*
2. P. 73.
3. Sur l'origine de l's du nominatif rapportée par Bopp au thème pro-

lorsqu'on prit l'habitude de regarder le suffixe comme étant mobile, d'adapter au même thème, sans changement dans la compréhension de l'idée, tantôt une désinence, tantôt l'autre, ou de n'en ajouter aucune. Le suffixe avait toujours sa fonction attributive, il continuait à jouer le rôle d'un article, il ne faisait pour ainsi dire que frapper le mot en question d'un *ictus* nouveau et variable. On peut donc dire de cette première couche de cas que la formation casuelle est un développement de la formation thématique, à peu près comme la formation des modes est un développement de celle des temps. Il est évident aussi que l'usage des deux suffixes que nous nommerons pour abréger le suffixe M et le suffixe S, ne s'est fixé que peu à peu. Dans la déclinaison du pronom, par exemple dans le sanscrit *aha-m*, *tva-m*, *i-da-m*, *a-ja-m*, l'*m* désigne le nominatif. On serait presque tenté de conjecturer d'après cela qu'il n'y avait primitivement que deux cas [1], le vocatif, dépourvu de tout suffixe mobile, et le cas pourvu du suffixe M. Le cas pourvu du suffixe S se serait seulement formé plus tard pour indiquer encore plus nettement l'objet qui se présente d'abord. La flexion des pronoms non personnels offre encore un autre élément, le *t* (ou *d*) du neutre, dont on ne peut méconnaître la parenté avec le thème pronominal *ta*. Pour montrer quelle connexion existe entre la formation casuelle à ses débuts et la formation thématique, il suffit de rappeler que l'opposition du suffixe M et du suffixe S intéresse, non-seulement le rôle du mot dans la phrase, mais encore, pour ainsi dire, sa manière d'être interne. C'est sur elle en effet que repose la différence du neutre et du masculin. Ces suffixes ont donc deux valeurs différentes, et il est possible, comme Steinthal l'a soutenu contre moi [2], que la dernière, celle qui rentre davantage dans le domaine de la formation des mots, soit la plus ancienne, tandis que celle qui est proprement casuelle aurait été la plus tardive. Le propre des suffixes de formation est de déterminer un mot avec plus de précision relativement à lui-même : le propre des suffixes de cas

nominal *sa*, voyez *Vergleichende Grammatik*, 2ᵉ éd. § 131. — Sur l'*m* de l'accusatif expliquée par le thème pronominal *ama*, voyez Schleicher. *Compendium*, 2ᵉ éd., § 249, p. 510, et la dissertation de Grassmann dont il va être question.

1. Grassmann discute plusieurs points relatifs à ce sujet (*Zeitschrift*, XII, 211 et suiv.). Ascoli s'appuie sur ce nominatif en M pour rapprocher les langues indo-germaniques des langues sémitiques (*Del nesso Ario-Semitico.* — Lettre au professeur A. Kuhn. Milan. 1864).

2. Dans la réunion des philologues déjà citée (*Verhandlungen*, p. 59).

est de le déterminer relativement à d'autres mots. La fonction
de l'*m* au neutre rentrant ainsi dans le domaine de la formation
des mots, peut revendiquer la priorité, si la formation casuelle
n'est qu'un développement de la formation thématique. Quand le
langage se fut habitué à caractériser le mot par le suffixe S, si
l'idée devait en ressortir comme vivante, et dans le cas contraire
à ne pas le caractériser ou à le faire par le suffixe M, il n'y avait
plus qu'un pas pour arriver à la distinction du sujet, comme
terme qui ressort, et de l'objet, dans le sens le plus large du mot,
comme terme qui recule à l'arrière-plan [1]. Aux formes du singulier ont pu succéder, peu de temps après, celles du pluriel, qui
renferment à peu près les mêmes éléments unis entre eux, et
seulement plus tard celles du duel. Il me semble aussi que de
l'usage étendu de l'accusatif on peut conclure que le langage
s'est contenté assez longtemps de ces commencements modestes.
Si je ne me trompe on retrouve encore dans la grande variété
des fonctions dont ce cas a été chargé, notamment en grec, un
souvenir du temps où il était le cas oblique universel.

Je présume que cette première couche fut alors suivie peu à
peu de la seconde qui embrasse tous les autres cas. Beaucoup de
ces formes casuelles sont obscures : nous nous contenterons d'in-
sister sur deux points. On peut d'abord dans une certaine mesure
reconnaître la formation du génitif singulier. La terminaison la
plus pleine de ce cas, qui est -*sja* en sanscrit, a été déjà comparée [2]
à un suffixe de formation que nous rencontrons dans des formes
grecques comme δημόσιο-ς, et qui vient peut-être d'un suffixe *tja*
conservé en sanscrit avec cette fonction. Même au point de vue
d'une culture plus avancée du langage, on comprend que
οἶκος πατρός et οἶκος πάτριος sont des modes d'expression synonymes. Max Müller apporte encore à l'appui de cette thèse bien des
analogies tirées de langues d'un rang inférieur. Nous pouvons
nous expliquer ainsi comment le langage se tirait d'affaire avant
que la forme du génitif eût été créée. Il semble naturel de tenter
une explication analogue de la désinence -*as* qui a prévalu dans
les thèmes terminés par une consonne, et dans ceux en I et en
U. Je ne la proposerai d'ailleurs que comme une hypothèse. Il
est vrai que nous ne disposons pas ici d'une dérivation nominale

---

1. Le mot allemand *object* répond, dans le langage grammatical, à notre
français *régime*. — N. du Trad.

2. Voyez particulièrement Max Müller, *Lectures*, I, 103, traduction française, p. 114, note 1, et Kuhn, *Zeitschrift*, XV, 421.

que nous puissions comparer immédiatement à cette forme casuelle. Mais si nous entreprenons l'analyse, nous aurons d'abord
quelque raison de croire que cette forme de génitif a, comme
celle du nominatif, perdu une voyelle après l's. Nous pouvons,
comme nous remontons du nominatif *svana-s* (= *sonu-s*) à
*svana-sa*, remonter aussi du génitif *vāk-as* (sct. *vāk-as*, lat.
*vōc-is*) à *vāk-asa*. Bopp conjecture déjà [1] que la syllabe finale
de cette forme contient le même thème pronominal *sa* qui a donné
le signe du nominatif. Mais il n'explique pas comment deux cas
aussi différents que le nominatif et le génitif ont pu être désignés
par le même moyen. Je crois que cela pourra maintenant se
comprendre. Le composé *vāk-a-sa* est, à ce qu'il semble, avec
*svana-sa,* dans le même rapport qu'un composé de dépendance
ou *Tatpuruša* avec un composé déterminatif ou *karmadhāraja*.
D'après cela *vāk-a-sa* signifierait ὁ (τῆς) ἔπος, et *svana-sa* ἡ φθόγγος.
Donc *vāk-a-sa svana-sa* équivaudrait à ἔπος ὁ | φθόγγος ou, en
français, [de la] voix le | son le. L'union avec le thème pronominal, adjoint comme suffixe à la façon d'un article, serait dans le
premier cas constructive (le suffixe régissant le thème nominal),
et dans le second cas purement attributive. Nous avons cru pouvoir admettre [2] que la composition nominale existait déjà dans
la période précédente. Or ne constatons-nous pas les deux rapports dont il s'agit dans les mots composés de deux thèmes nominaux, par exemple dans μητροπάτωρ opposé à αἰνοπατήρ? Ainsi
s'expliquerait la relation de ποδός à ἰδός dont nous avons parlé
plus haut [3]. Quoique les deux mots soient dans le même rapport
phonique avec leur racine respective, le second est un nominatif
parce que l'union du thème avec le ς y est attributive, et le premier un génitif parce que cette union y est constructive. Il est
très vraisemblable qu'un certain temps s'est écoulé entre les origines de ces deux formations, et qu'elles n'ont pas existé immédiatement l'une à côté de l'autre. On ne pourrait s'expliquer que
les mêmes sons eussent dans le même temps reçu des fonctions si
différentes. Cependant cet essai d'explication souffre deux difficultés que je ne veux pas passer sous silence. La première est la
présence d'un *a* entre *vāk* et *sa*. Nous pourrons y reconnaître
le thème pronominal *a*, employé comme le sont quelquefois les
thèmes *an, ja* et autres, ce qui montre une fois de plus que des

1. *Vergleichende Grammatik,* § 191.
2. P. 100.
3. P. 43.

instincts analogues dominent dans la formation des cas et dans celle des thèmes. En effet, le thème sanscrit *bhūra* prend *an* avant de s'unir à la désinence *ām* pour former le génitif pluriel *bhūrā-n-ām*. Le même thème s'élargit au locatif pluriel au moyen d'un *i* (= *ja*) : *bhūra-i-su* (sct. *bhūrēṣu*). Il semble que l'*a* se soit ici ajouté au thème de la même manière [1]. La seconde objection est plus grave. Si le *sa* de *vāk-a-sa* est par son origine identique à celui de *svana-sa*, la première de ces formes semble ne pouvoir se justifier que lorsqu'elle accompagne un nominatif singulier masculin comme la seconde. On comprendrait *vāk-a-sa svana-sa*, c.-à-d. *vocis sonus*; mais on ne s'expliquerait déjà plus *vāk-a-sa svana-ma*, c.-à-d. *vocis sonum*. Quand le premier mot est en relation avec un féminin, un neutre, un pluriel, on devrait s'attendre à trouver de tout autres formes, quelque chose comme *vāk-a-sā*, *vāk-a-ta* ou *vāk-a-ma*, etc. Je ne saurais réfuter cette objection d'une manière absolument satisfaisante. Il s'offre pourtant un expédient, et j'aurai ici l'avantage de me rencontrer avec Kuhn [2]. Ce savant aussi suppose que le génitif des thèmes en A avait primitivement la désinence du nominatif : « Le génitif est ainsi par son origine un adjectif…., qui » a dû avoir primitivement la flexion du nominatif : *çivasja* » *putras* doit avoir signifié d'abord *çivasjas putras*, le fils » appartenant à *Çiva*, et *çivājās patis*, l'époux appartenant » à *Çivā*. Il est probable que le neutre se servait dès le principe » de la forme du masculin; cependant il pourrait aussi avoir » possédé l'*m* propre à ce genre. *Mais aussitôt que l'origine* » *de la formation se fut obscurcie*, le signe du nominatif » tomba au masculin et au neutre, et ne se conserva qu'au fémi- » nin, où le sanscrit a aussi gardé l'*s* du nominatif singulier, » non pas il est vrai dans les thèmes en *ā*, mais dans ceux en *ī* » et quelquefois dans ceux en *ī*. » Kuhn invoque ensuite à l'appui de cette conjecture quelques formes doubles du sanscrit et du zend, ainsi que la coïncidence fréquente des formes du génitif [3] et du datif dans la première de ces langues. Ces détails soulèvent dans mon esprit quelques doutes, particulièrement sur l'application des lois phoniques. Je m'abstiens d'y entrer parce qu'ils sont

1. Voyez Schleicher. *Ueber Einschiebungen vor den Casusendungen* (Kuhn's *Zeitschrift*, IV, 54).

2. *Zeitschrift*, XV, 426.

3. Il s'agit ici de formes féminines en *ai*, propres aux écrits védiques et surtout aux Brâhmanas, que Kuhn considère comme des génitifs. — N. du Trad.

en dehors de notre sujet; mais cette manière de voir me sourit beaucoup dans ce qu'elle a d'essentiel. Les plus anciens génitifs offriraient ainsi une analogie frappante avec le latin *cujus* (pour *quo-jus*). Cette forme a précisément conservé la flexion propre aux adjectifs : *cujus puer, cuja filia, cujum pecus.* On comprend très bien qu'avec le temps ces distinctions aient paru trop minutieuses, et que, l'origine des formes s'étant une fois obscurcie, une seule d'entre elles, *cujus* dans notre exemple, se soit conservée pour les trois genres. A cela pourtant il y avait une condition qui d'ailleurs concorde très bien avec les résultats que nous avons obtenus. C'était qu'il n'existât pas encore un trop grand nombre de cas se poursuivant à travers les différents nombres. Car on comprendrait difficilement que cet *-asjas* ou *-asjās* eût aussi remplacé l'accusatif pluriel *-asjāns*, le génitif pluriel *-asjasām* (d'après Schleicher), le locatif pluriel *-asja-sva*. En un mot le génitif singulier paraît être l'un des cas les plus anciens, le premier peut-être qui se soit formé après le nominatif et l'accusatif. Il nous faudrait naturellement expliquer de là même manière les formes en *-as*. Et peut-être pouvons-nous, ici aussi, trouver dans une forme effectivement conservée la confirmation de notre hypothèse. Si *-a-sa* était primitivement une forme masculine, on pourrait s'attendre à trouver comme forme correspondante au neutre *-a-ta*, d'après la déclinaison pronominale; et comme *-a-sa* s'est plus tard accourci en *-a-s*, *-a-ta* aurait dû aussi s'accourcir en *-a-t*. Or *-a-t* est la désinence de l'ablatif. Et si le génitif *vāk-a-s* était à l'ablatif *vāk-a-t*[1] ce que *ja-s* « qui » est au neutre *ja-t*, ce que le latin *aliu-s* est à *aliu-d?* On a conjecturé depuis longtemps que le *t* de l'ablatif provenait du thème pronominal *ta*, sans expliquer cette origine. L'ablatif, comme on sait, se confond souvent en sanscrit avec le génitif. L'ablatif s'expliquerait fort bien par une forme d'adjectif, même au point de vue de la syntaxe. Secours céleste et secours (venant) du ciel, *œstlicher Wind* (vent oriental), et *Wind aus Osten* (vent d'est) sont synonymes. La question *unde* ne serait pas plus expressément désignée dans l'ablatif que dans les composés comme *Ostwind*, ἑῳπινός. Entre les deux formes primitivement distinctes par le genre, le langage aurait, à une époque où cette différence était devenue obscure et superflue, commencé à établir une différence interne. Nous avons cru plus haut observer des remaniements analogues dans le subjonctif, et nous

---

1. Voyez Schleicher, *Compendium*, § 251, p. 551.

avons également découvert des nuances nouvelles de syntaxe dans l'emploi de l'optatif.

Si les hypothèses que nous avons proposées ici se confirmaient, un fait nous serait acquis, d'une importance capitale, même sous le rapport de la syntaxe : c'est que le génitif de toutes les déclinaisons, au singulier du moins, proviendrait d'un adjectif; par conséquent, ainsi qu'on l'a déjà remarqué [1], l'usage *adnominal* de ce cas serait l'usage primitif, au lieu que la direction dans l'espace serait le sens secondaire. Le rapport du génitif au nominatif et à l'accusatif serait originairement le même que celui de la dérivation proprement dite ou formation secondaire à la formation primaire [2]. Car même dans la formation primaire le thème, au point de vue de la syntaxe, est l'élément régi et le suffixe pronominal l'élément régissant : *div-ja-s bhū-ma-s* signifiait proprement « ciel le éclat le », c.-à-d. « éclat le du ciel » οὐρανοῦ τὸ φῶς; νόστι-μο-ν ἦμαρ signifiait « jour le du retour »; πολί-τη-ς signifiait ὁ τῆς πόλεως. L'emploi varié de ces désinences dérivatives repose sur l'ambiguité du rapport possible entre le thème primaire et le pronom qu'on y adapte. Les mêmes vues ont été exprimées déjà par Adolphe Regnier [3].

En ce qui concerne la formation des autres cas, nous ne chercherons plus à faire ressortir qu'un seul point. Les cas où se rencontre la syllabe *-bhi* composent un groupe à part. Bopp a déjà [4] traité collectivement de tout ce groupe, sans que ni lui ni aucun autre, que je sache, ait donné de ces formations une explication satisfaisante. Je ne puis être de l'avis de Grassmann [5] qui suppose, comme on l'avait d'ailleurs avancé déjà avant lui, que toutes ces formes viennent de la préposition *abhi*, à, vers, autour, = gr. ἀμφί. Cette hypothèse soulève bien des objections, et d'abord on ne voit pas ce que pourraient être à la suite de cette préposition les divers éléments additionnels par lesquels se distinguent *bhj-am*, *bhj-ūm*, *bhi-s* et *bhj-as*. Ces éléments dis-

---

1. Steinthal. *Charakteristik*, p. 301.

2. Nous trouvons d'instructifs éléments de comparaison dans les génitifs du pluriel des pronoms personnels, en sanscrit *asmá-ka-m*, *jusmá-ka-m*. Ce sont proprement (Comp. Schleicher. *Compend.*, 2ᵉ éd., § 266, p. 631) des nominatifs et accusatifs neutres de thèmes possessifs, dérivés de *asma*, *jusma*; *asmákam*, *jusmákam* répondent pour le sens aux formes latines *nostrum*, *vestrum*.

3. *Traité de la formation des mots*, p. 97.

4. *Vergleichende Grammatik*, 2ᵉ éd., §§ 215 et suiv.

5. *Zeitschrift*, XII, 258.

tinctifs, ou, comme dit Grassmann, indicatifs, servent entre autres choses à l'expression des nombres[1]. Si donc *bhi* était une préposition ou plutôt une postposition, une forme mutilée de *abhi*, on s'attendrait à trouver ces éléments avant et non après la particule. Puisqu'au contraire la syllabe *-bhi* est immédiatement adaptée au thème, s'il fallait y voir une préposition comme le latin *-cum*, *vāg-bhj-as* correspondrait à une forme latine telle que *vo-cum-bis* et non *vo-bis-cum*. Les éléments qui s'ajoutent ici à la syllabe *bhi* offrent une analogie frappante avec les signes casuels de l'accusatif et du génitif. Le phénomène en question ressemble donc plutôt à une formation casuelle par circonlocution. D'un thème nominal se forme d'abord une sorte de thème secondaire de flexion, par exemple *vāg-bhi* de *vāk*, comme pour le gén. plur. on a *dēvān* de *dēva*, et c'est à ce thème que s'adaptent alors les désinences casuelles proprement dites. Ainsi s'expliquent le pluriel ἴφια μῆλα et le nom propre Ἴφις en regard de Ἴφι qui a l'air d'un instrumental du thème Fι [2]. Le suffixe *bhi* est évidemment apparenté avec d'autres suffixes commençant par la même consonne, par ex. : *kaku-bh*, *kaku-bha-s* (*kaku-ha-s*), *r̥sa-bha-s*[3], *kara-bha-s*, gr. ἐλα-φο-ς [4] à côté de ἐλλό-ς, κορυ-φή, στέρι-φο-ς. J'ai étudié ailleurs[5] les ramifications multiples de ces suffixes. On a songé à rendre compte des formes de ce genre par la racine *bha* = gr. φα, paraître, qui explique bien le sens diminutif qu'on voit ressortir particulièrement du grec -αφιο-ν, mais non l'emploi tout différent de la syllabe *bhi* dans la formation casuelle, et la constance du son I. Ceux qui ne reculent pas devant les conjectures hardies penseront peut-être à la racine *bhu*, devenir, être, qui aurait pu donner une forme nominale *bhu-ja*, accourcie ensuite en *bhja*, puis *bhi*. Un pareil nom aurait signifié quelque chose comme « essence », et aurait pu se combiner avec un thème nominal, aussi bien que les formes verbales de la racine *bhu* ont donné de nouvelles formes verbales. Quoi qu'il en soit, je suis persuadé que nous avons ici affaire à un thème secondaire, à une combinaison analogue à celle des formes verbales composées. Il en est peut-être de même des suffixes qui tiennent de la nature des désinences casuelles comme θα (θε), θι, θεν, remontant à une forme commune *dha* (comparez μεσό-θε-ς de

<hr>

1. Voyez à ce sujet plusieurs analyses délicates de Schleicher.
2. Comparez I. Bekker. *Homerische Blätter*, p. 100.
3. *Grundzüge*, p. 307.
4. *Id.* p. 323.
5. *Jahrbücher* de Jahn, 60, p. 95.

la racine με̃.) [1]. Nous aurions donc à constater ici, sous le rapport chronologique, une marche analogue à celle du verbe.

## VII. PÉRIODE ADVERBIALE.

Nous avons touché à toutes les parties du système des formes dans notre famille de langues, et cherché à nous expliquer comment elles sont nées peu à peu. Il y a pourtant dans le langage un moyen essentiel d'expression dont nous n'avons pas même encore fait mention : je veux parler des particules. Les mots qui dans les langues classiques, comme dans celles d'un caractère plus moderne, s'appellent adverbes, ces mots indéclinables servant à exprimer des rapports de direction et de modalité, et qui proviennent en partie de thèmes pronominaux, en partie de thèmes nominaux, appartiennent à une période beaucoup plus tardive. Il est probable qu'il n'y avait encore dans la période de l'unité aucun adverbe proprement dit, dérivé d'un adjectif, et consacré par un usage constant. Mais pourtant nous trouvons déjà avant la séparation des langues comme des rudiments de l'usage dont le développement graduel donna les adverbes de chaque idiome. C'est en sanscrit qu'on voit le mieux que les adverbes sont simplement des formes casuelles immobilisées, c'est-à-dire plus ou moins séparées de la famille que composent les autres. Mais le même fait est aussi, et depuis longtemps, démontré pour les langues sœurs du sanscrit. Cette direction du génie du langage paraît s'être manifestée dès une époque relativement ancienne, surtout dans une série de mots d'une médiocre compréhension et par suite employés plutôt à l'expression de rapports de lieu, de temps et d'autres rapports plus intellectuels. On ne se représente pas plus une langue absolument dépourvue de particules qu'une parole vivante sans gestes. Il est possible qu'un petit nombre de particules de la forme la plus courte aient fait leur apparition peu de temps après la période des racines. Il semble du moins que quelques-unes ne sont autre chose que des racines pronominales nues. De ce nombre sont peut-être les particules telles que *an* (sct. *an-*, gr. ἀν, ἀ-, lat. *in*, all. *un*), *na* (lat. *ne*), *gha* (sct. *gha* [comp. *hi*], gr. γε, paléosl. *ze*), *nu* (sct. *nu*, gr. νυ), *ka* (sct. *ka*, gr. τε, lat. *que*). Leur présence dans les branches les plus diverses de la famille prouve en tous cas qu'elles sont indo-germaniques. Mais on trouve dans quelques-

---

1. *Grundzüge*, 2ᵉ éd., p. 235.

unes d'entre elles des allongements (gr. *νη*, sct. *nū*) et des éléments additionnels (lat. *nu-m*, gr. *ν̆-ν*) qui font penser à la flexion et qui empêcheraient par conséquent d'en faire remonter trop haut l'origine. Quant aux *prépositions* que nous pouvons attribuer déjà à la période de l'unité, le nombre en est bien plus grand; et comme dans beaucoup d'entre elles nous reconnaissons clairement des désinences de cas, nous pouvons admettre que dans ce domaine le langage a commencé, même avant la séparation, à immobiliser des formes casuelles pour les affecter à un usage adverbial. C'est pourquoi nous croyons devoir ajouter une période adverbiale à la fin des grandes périodes de formation.

J'ai plus d'une fois [1] signalé le fait que les prépositions, ainsi que d'autres adverbes dont elles ne se distinguent que peu à peu par des particularités de l'usage, renferment des désinences casuelles, et j'ai montré combien cette circonstance jette de lumière sur l'époque de leur origine. Dans quelques-unes il s'est conservé toute un série de cas. L'exemple le plus frappant est le sct. *parā* et les formes qui lui correspondent dans les autres langues. *parā* lui-même est comme *parēṇa* un instrumental, *parē* (= zend *parē*) un locatif, *para-tas* un ablatif, *para-m* un accusatif [2]. La forme qui se laisse le mieux comparer à l'instrumental est le grec *παρά*; en regard du locatif se place *παραί*, et en regard de l'accusatif l'osque *perum*. Le grec *πέρας* = sct. *puras* ressemble à un génitif d'un thème plus court *par*. Le thème pronominal *an* dont le comparatif est en sanscrit *antar* (*antara-s*, adv. *antarā*) = *inter*, a deux formes. L'une *an-i* = sct. et zend *ni*, gr. *ἐν-ί*, *ἐν*, lat. et goth. *in* [3], paraît être un locatif. L'autre *ἀν-ί* = osque et ombrien *an*, goth. *ana*, paléosl. *na* [4], est vraisemblablement un instrumental. Si nous admettons un thème *ap*, la forme *ap-i* = gr. *ἐπ-ί* se présente comme un locatif, *ap-a* = zend *apā* et *apa*, comme un instrumental, *ap-as* = gr. *ἄψ* et lat. *ab-s* comme un génitif, enfin le latin *ap-ud* comme un ablatif dans le sens du locatif. La forme *ἀπαί* discutée par Kuhn [5] n'est constatée que pour une époque trop tardive [6], et on ne peut la prendre en considération. Évidemment elle a été formée sur le modèle des formes plus authentiques *ὑπαί*, *παραί*, *μεταί*, *καταί*,

---

1. Particulièrement dans les *Grundzüge*, 2ᵉ éd., pp. 35 et suiv.
2. *Grundzüge*, nᵒ 316.
3. *Id.*, p. 277.
4. *Id.*, p. 275.
5. *Zeitschrift*, XV, 107.
6. Voyez le *Thesaurus* d'Henri Étienne.

d'après la règle des anciens grammairiens [1], que les prépositions peuvent allonger leur syllabe finale en *u*. Je ne vois surtout aucune raison de dériver avec Kuhn les formes plus courtes des formes plus longues. Nous voyons bien clairement, à n'examiner que *para*, comment plusieurs cas d'un thème peuvent jouer simultanément le rôle de prépositions ; nous n'avons donc pas le droit de considérer les formes plus courtes comme des mutilations des autres. C'est ainsi encore que ἀντί = sct. *anti* se présente comme un locatif, ἄντα comme un instrumental, et le latin *anted* comme un ablatif. De même on trouve en regard du sanscrit *pra* = πρό le zend *frō*, c.-à-d. *fra-s* pour *pra-s* et la forme latine *prōd* qui est incontestablement un ablatif. Nous avons des locatifs dans le sanscrit *adh-i* (comp. *adh-as*)[2], dans *abh-i* = ἀμφί, dans *par-i* = περ-ί, dans *upar-i* = zend *upair-i* et gr. ὑπέρ, ὑπέρ. Enfin *u-t* ou *u-d* pourrait passer pour un ablatif du thème pronominal *u*. Le nombre des prépositions qui comme *pra-ti* = πρό-τί dérivé de *pra*, *anu*, *(d)vi*, ne trahissent aucune désinence casuelle, est très restreint. Tous ces faits me paraissent fixer suffisamment la chronologie des prépositions. Ces mots supposent nécessairement en leur qualité d'adverbes, c'est-à-dire de formes casuelles immobilisées, un usage des cas déjà en pleine vigueur. Dans les temps mêmes de la vie du langage pour lesquels nous avons le témoignage des monuments littéraires, par exemple dans la langue homérique, nous voyons les prépositions jouer encore bien évidemment le rôle d'adverbes. Nous pouvons donc à plus forte raison leur attribuer cette fonction pour la période de l'unité, et admettre même qu'alors elles n'en avaient pas d'autre. C'est seulement peu à peu qu'on s'habitua à les placer en relation plus étroite avec des verbes et des noms, et c'est ainsi qu'elles ont pris en partie le caractère de préfixes. Nous sommes habitués quand il s'agit des prépositions, à songer tout d'abord à leur union avec certains cas. Mais cet usage n'est évidemment que la dernière étape du développement, et la diversité que comporte l'emploi des cas en sanscrit, en zend, et même en grec, est aussi plus ancienne que l'uniformité propre surtout en latin. C'est seulement à ce dernier degré de l'échelle que les particules se placent aussi comme postpositions après des formes nominales en relation avec elles, et se fondent parfois avec celles-ci en un seul mot. Admettre des faits de ce genre pour la période de

1. Hérodien, B, 821.
2. Bœthlingk und Roth. *Sanskrit Wœrterbuch*, I, 111.

l'unité, et surtout supposer que des prépositions aient été adap-
tées à la fin de thèmes non fléchis, c'est là comme je l'ai affirmé
et, je crois, démontré ailleurs, une faute chronologique.

Ces formes casuelles qui s'immobilisent conduisent encore dans
l'histoire du langage à une autre forme importante, l'infinitif. La
science a depuis longtemps montré dans l'infinitif des formes casuelles isolées de noms d'action. Mais les formations de ce genre
sont très diverses, surtout en sanscrit, et chaque langue présente
de grandes différences dans le choix des suffixes employés à cet
objet. Il est donc presque certain que l'infinitif comme tel ne
s'est formé qu'après la séparation des langues, et d'une manière
indépendante chez chaque peuple. Tout au plus pourrait-on supposer quelques rudiments, quelques ébauches de l'infinitif, dès la
période de l'unité. La réalisation de types plus délicats, l'achèvement plus ou moins complet du système des formes, la manière
dont les lacunes qui s'y produisent sont comblées, et dont par
suite les rapports des différentes formes entre elles se trouvent
fréquemment déplacés, toutes ces particularités sont la manifes-
tation de l'originalité propre à chaque famille de langues. C'est
là précisément ce qu'avec Guillaume de Humboldt nous avons
cru pouvoir nommer Culture. L'organisation proprement dite, la
création de tous les types essentiels, quoique susceptibles d'ailleurs de variations multiples, est accomplie dans les limites des
périodes que nous venons de décrire.

Nous voici arrivés à la fin de notre tâche qui, je le répète, a
dû soulever bien des questions auxquelles nous ne pouvions répondre que par des hypothèses. Mais même pour comprendre et
expliquer une seule langue, il est impossible de faire complètement abstraction des questions de ce genre. A plus forte raison
toute recherche un peu approfondie sur le domaine plus vaste de
toute la famille de langues nous y ramène presque nécessairement. Il y a des questions qu'on ne peut étudier sans une méthode plus hardie, sans une méthode *constructive*. Mais les
écarter et ignorer de parti-pris les degrés de la formation du
langage, est au fond plus hardi encore. Puissé-je avoir réussi à
exposer seulement avec vraisemblance la succession des principales étapes du développement. On devra du moins accorder que
cette succession a été présentée sans aucun procédé violent, et
particulièrement sans aucune de ces hypothèses de fortes altérations phoniques que d'autres linguistes ont souvent proposées, à
mon avis sans justification suffisante, pour les périodes les plus
reculées de la vie du langage.

APPENDICE (*voir p. 52*).

Il est vrai, et je ne veux pas passer ce fait sous silence, qu'un savant considérable est d'un avis différent. Benfey, après avoir fait lui-même autrefois un *Lexique des racines grecques*, a plus tard dans son *Esquisse de l'organisme des langues indo-germaniques*[1], et d'une manière encore plus décidée dans la *Zeitschrift* de Kuhn[2], combattu toute la théorie des racines, et fait tout d'abord valoir contre elle[3] l'avis que le vocabulaire indo-germanique, *à l'exception des formations reposant sur des pronoms, des particules et des interjections,* peut se réduire à des verbes. Mais ce qu'il nous faut entendre proprement par Verbes, c'est ce qu'à la vérité on ne nous dit clairement nulle part. Comme une grande partie des efforts faits pour appuyer cette opinion tendent à ramener les thèmes de substantifs et d'adjectifs à des thèmes de participes, et ces derniers eux-mêmes à la troisième personne du pluriel de l'indicatif actif, il semble d'abord que Verbe a ici à peu près le sens de verbe *fini* ou verbe à désinence personnelle. Mais l'idée de Verbe se transforme dans le cours de cette exposition en quelque chose d'entièrement différent; à partir de la page 120, l'auteur s'efforce de montrer que les pronoms, auxquels il a provisoirement accordé[4] une existence séparée, se sont aussi formés de verbes. Comme chaque forme du verbe fini, ainsi que l'admet aussi Benfey, contient un pronom dans sa désinence, et que sa pensée ne peut être que le pronom ait été une désinence avant d'être un mot séparé, le mot Verbe a donc ici à peu près le sens de thème verbal; et en effet, l'auteur emploie aussi quelquefois cette

1. *Allgemeine Monatsschrift für Wissenschaft und Litteratur,* année 1854.
2. IX, 81.
3. IX, 96.
4. P. 96.

expression. En conséquence on accorde [1] « que les thèmes verbaux pouvaient au besoin être employés aussi *à désigner des objets,* » ou en d'autres termes être employés nominalement, et ce n'est que par le degré intermédiaire d'un nom que Benfey croit pouvoir dériver les pronoms de ces termes verbaux. Il arrive aussi dans la revue *Orient und Occident* [2] à des résultats analogues, et indique même que derrière la « période verbale », il y aurait eu encore une autre « phase ». Or de pareils thèmes verbaux, qui peuvent aussi être employés nominalement, que sont-ils autre chose que ces racines que Benfey commence par rejeter au début de sa dissertation? Ce n'est qu'un nom différent pour désigner la même chose. Mais s'il y avait de pareilles unités primaires, susceptibles d'une fonction verbale ou nominale, s'il y avait des thèmes pronominaux qui s'en fussent formés, soit dès le début, soit seulement plus tard, pourquoi les derniers n'auraient-ils pas pu s'unir aux premiers, aussi bien pour donner des formes nominales d'une empreinte plus achevée, que pour donner des formes verbales? A quoi bon nous obliger à croire, car il faut vraiment pour cela une foi robuste, qu'aux temps les plus reculés du langage la troisième personne du pluriel à peine créée se métamorphose en un participe, et qu'à son tour ce participe est la source d'autres formations nominales innombrables? Dans la première des dissertations mentionnées ci-dessus, Benfey s'égare aussi dans de singulières contradictions, par exemple p. 719, où il cherche à expliquer les désinences du pluriel du verbe par le pluriel des pronoms personnels, et suppose donc manifestement une formation casuelle, c'est-à-dire une flexion nominale, avant la formation verbale la plus primitive, alors que cependant la priorité du verbe sur le nom est précisément la thèse principale qu'il défend partout. Ce ne peut être ici ma tâche d'examiner à fond ces recherches du savant plein de pénétration auquel les études sanscrites sont certainement fort redevables : mais comme ces deux dissertations sont presque le seul essai un peu détaillé d'une considération chronologique du langage, j'ai voulu au moins indiquer brièvement pourquoi cet essai ne me satisfait en aucune façon.

La préférence accordée aux formes verbales sur les formes nominales a trouvé son pendant dans l'hypothèse diamétralement opposée développée par Ascoli, particulièrement dans ses

1. P. 125.
2. II, 741.

*Studj Ariosemitici* [1]. Il ne veut pas non plus entendre parler de racines (*radici lessicali*), sans pouvoir à la vérité se passer, lui non plus, d'admettre des monosyllabes primordiaux (*monosillabi primordiali*) [2]. Mais quant aux formes plus développées, pour lui le *nom* est antérieur au *verbe*. Le génie du langage s'est selon lui longtemps essayé à créer les formes les plus variées pour le *nomen agentis* avant l'apparition du verbe à désinence personnelle. Tandis que Benfey considère un thème de participe tel que *bharant* comme une mutilation de la troisième personne du pluriel *bharanti*, Ascoli au contraire voit dans *bharanti* le pluriel du thème nominal *bharant*. Mais quel est alors le rapport de *bharanti* au singulier *bharati*, et celui de cette dernière forme à *bhara-si*, *bharā-mi*, c'est ce qu'on ne nous dit pas. Il est cependant bien plus naturel de regarder le *ti* de *bhara-ti* comme identique à celui de *bhara-n-ti*. L'idée du pluriel se trouve alors dans l'*n* qui, ainsi que *j-an-ti* le rend vraisemblable, sera venue de *an*. Deux pronoms unis copulativement indiquent le pluriel, un seul des deux le singulier. Pourquoi ces deux mêmes pronoms n'auraient-ils pu se retrouver dans un nom d'une façon complétement indépendante de cette forme verbale? Ou serait-ce qu'il nous faudrait identifier aussi le suffixe de la première personne du pluriel, *mas*, avec celui du nominatif singulier d'un thème nominal comme *bhā-ma-s?* Depuis quand donc voit-on dans la simple similitude de son, malgré les fonctions les plus différentes, une preuve de l'identité originaire? Schweizer-Sidler, qui rend compte de la tentative d'Ascoli [3], trouve aussi qu'il se sert, pour appuyer sa thèse, de moyens en partie très violents. Ainsi pour des formes verbales qui jusqu'à présent étaient regardées comme les plus primitives, telles que *ad-mi, as-ti*, Ascoli admet déjà la chute d'une voyelle, et il obtient ainsi un thème nominal *ada, asa;* il veut que *i-mas* soit une mutilation de *ai-mas;* enfin il soutient qu'en général un *i* et un *u* final viennent toujours de *a-ja, a-va*. On voit toujours comme arrière-pensée la tendance à rapprocher les racines sémitiques dissyllabiques des formes nominales indo-germaniques. Je crois que les tentatives opposées de ces deux esprits, d'ailleurs si péné-

---

1. Deuxième article, lu à la classe de littérature, etc., de l'Institut royal lombard, dans la séance du 6 juillet 1865.

2. P. 33.

3. *Zeitschrift* de Kuhn, XVI, 142.

trants, sont très propres à se détruire réciproquement. Benfey et Ascoli, malgré leur divergence complète quant aux fins, se rencontrent souvent dans les moyens. Pour l'un comme pour l'autre, il n'est pas douteux que de fortes altérations phoniques, des obscurcissements du sentiment du langage, des formations anomales, analogues à celles qu'on peut en partie démontrer pour des périodes postérieures du langage, appartenaient déjà aux plus anciennes. Ils cherchent tous les deux à expliquer les formes indo-germaniques par l'hypothèse de détériorations et de mutilations considérables. Mais admettre de tels symptômes pour la période de la jeunesse du langage n'est guère plus vraisemblable que de supposer un enfant aux cheveux blancs, ou un adolescent édenté. Au moins doit-on convenir que si l'on peut trouver un moyen d'expliquer la formation successive de la structure du langage indo-germanique sans avoir recours à des hypothèses aussi violentes, ce moyen mérite la préférence.

Nogent-le-Rotrou, imprimerie de A. Gouverneur.

www.ingramcontent.com/pod-product-compliance
Ingram Content Group UK Ltd.
Pitfield, Milton Keynes, MK11 3LW, UK
UKHW020932120726
13693UKWH00003B/1270